ACADEMIC SUPPORT: AN IMPORTANT FULCRUM FOR CULTIVATING MAJOR CATEGORIES IN UNIVERSITIES

学业支持

高校大类培养的重要支点

王雷华　丁　丁　主　编

北京航空航天大学出版社
BEIHANG UNIVERSITY PRESS

图书在版编目（CIP）数据

学业支持：高校大类培养的重要支点 / 王雷华，丁丁主编. -- 北京：北京航空航天大学出版社，2023. 5

ISBN 978-7-5124-4094-4

Ⅰ. ①学… Ⅱ. ①王… ②丁… Ⅲ. ①高等学校-人才培养-研究-中国 Ⅳ. ①G649. 2

中国国家版本馆 CIP 数据核字（2023）第 080114 号

学业支持：高校大类培养的重要支点

责任编辑：李　帆
责任印制：秦　赟
出版发行：北京航空航天大学出版社
地　　址：北京市海淀区学院路 37 号（100191）
电　　话：010-82317023（编辑部）　010-82317024（发行部）
010-82316936（邮购部）
网　　址：http：//www. buaapress. com. cn
读者信箱：bhxszx@163. com
印　　刷：北京九州迅驰传媒文化有限公司
开　　本：710mm×1000mm　1/16
印　　张：13. 5
字　　数：187 千字
版　　次：2023 年 5 月第 1 版
印　　次：2023 年 5 月第 1 次印刷
定　　价：58. 00 元

如有印装质量问题，请与本社发行部联系调换
联系电话：010-82317024

编委会

2020年中央基本科研业务费支持项目“中国特色社会主义高校治理体系和治理能力现代化研究”，项目编号：50100002020201001

编者按

党的二十大报告强调，要办好人民满意的教育，全面提高人才自主培养质量，着力造就拔尖创新人才。这就要求高校在新时代不断探索高质量人才培养改革路径，不断深化教育教学工作的内涵，为党育人、为国育才。2017 年以来，北京航空航天大学（以下简称“北航”）全面实施大类招生、大类培养的人才培养改革。通过五年的积极探索，人才培养成效逐步显现。作为航空航天大类人才培养的重要承载单位，士嘉书院坚持通识教育与专业教育相结合，努力为学生打造坚实厚重的价值港、能力桥和知识岛。

高质量的学业支持工作体系是高校人才培养不可或缺的重要部分。北航统筹学校、学院现有的学业辅导平台与资源，成立专门的学业支持机构，打造合作共享式、交流研讨式、互动体验式学习共同体，面向全体学生开展全程和全方位的发展性学业提升行动，切实提升学生发展的获得感、幸福感。围绕提高学生学业学识水平目标，士嘉书院积极探索“适应大学学习生活、专业选择认知教育”为导向的学业支持工作路径，构建了分层分类学业支持机构、发挥“一站式”学生社区作用、多维度多层次判定学业级别、提升学业支持项目核心影响力的工作体系。

学生的学业发展需求是人才培养工作要解决的重要问题。士嘉书院积极协同学校学业支持机构，充分凝聚书院执行团队、学业导师、班主任、辅导员、朋辈等各方力量，全面开展个体咨询、团体辅导、朋辈授课、考前串讲、模拟考试、知识点总结分享、高级助教 VIP 补课等多种形式的学业活动，切实为学生发展提供高质量的服务。经过五年的工作探索与实践，在制度体系、建设实践等方面积累了丰富经验，形成了较为完善的学业发展支持体系，具备较强的实践性。为全面总结成果，2023 年在学校和学院的大力支持下，我们梳理归纳北航校院两级协同的学业与发展支持体系建设实践工作，编辑成书，以飨读者，希望能以较为丰富的学业指导理论和操作性强的应用知识，帮助读者深入了解并有效推进学业指导工作。编者尽心竭力、高度负责、细之又细，但水平有限，难免还有瑕疵，敬请谅解。

编　者

2023 年 5 月 14 日

目 录

1　北航大类培养介绍

随着学科交叉和专业界限的淡化，大类人才培养已成为当今高等教育改革的必然趋势，也是一流高校本科人才培养发展的重要方向。2017年，北京航空航天大学（以下简称“北航”）以培养“具有高度的国家使命感和社会责任感，理想高远、学识一流、胸怀寰宇、致真唯实”的领军领导人才为目标，改革和调整招生专业，探索并开始实施大类招生大类培养。本章将重点介绍北航大类培养内涵、北航学院建设及北航学院的教与学等内容。

1.1　北航大类培养内涵

从20世纪80年代开始，我国的高教变革并没有停滞，但三十余年来，随着各个阶段高教的发展都在变化，与高等教育的宗旨和培养目标相适应的人才培养方案的探讨也不断展开，在向多样化发展的基础上又进一步向精致化、特点化、科学性的走向发展。可以肯定，由强调学科知识转化到更重视个人的全面素养提升，人才培养方案将经历一段很长的发展和探索过程。

如今，中国高等教育的建设目标已逐步调整为根据院校学科发展特点以及人才社会适应能力为基础的内涵式发展目标。高校的培养目标将共同指向全能型、创新型、复合型的人才，本科教学将由过去批发式岗位教育培养逐步过渡到多样化教育培养，将全面重视学生的兴趣所选，以学生综合能力建设为重点，开展通才型教学。全面注重学生综合教育，强化对培养方式的适应性，构建综合性的知识平台，逐步走向大类招生的人才培养模式。

近年来，一大批院校都在积极探索大类招生培养模式，以解决学科专业招生培养管理模式在人才培养中的不适应问题。例如，在学科专业招生培养管理方法与教学资源利用方面有相当的局限，教师、设备、课程等教育资源的分配以学科专业或院系为基本单元，力求“小而全”，大量有限的教育资源被割裂为各种单独的条块，课程和课程相互之间没有必然的集成和融通，学科专业的建设也出现了由于教育资源分割未被共享而显得迟缓与滞后的问题。课程教材长期缺乏更新迭代，教师教学方法缺乏创新，学生的发展很难有真正的突破。而大类招生的人才培养模式则是在普通高等学校本科生录取中根据学科类别或者文理科大类，不区分具体专业进行统一招生，入校后低年级的学生先实行通识教学，高年级学生则根据他们的兴趣和志愿再具体情况选定专业、分流学习的一类人才培养模式。学生在这样的培养方式下，入学后可以进行厚基础、宽口径的培养，按照自身的兴趣爱好、市场需求、学科发展状况选定专业方向，这种选专业的方式很大程度上规避了学生由于一开始选定专业就读而导致专业兴趣缺乏或综合能力不足等问题。因而，目前正逐渐被国内多数高校所采用。

2017 年，北航实施了建校以来最大规模的人才培养改革，推行以“大类招生、大类培养、书院管理”为核心的人才培养模式，让学生入学后有充足的时间了解自己的兴趣所向，避免了高考时盲目填报志愿的问题，体现了以兴趣爱好为导向自主选择专业，也更为适应当前学科交叉、专业界线淡化的高等教育改革发展趋势和世界一流大学本科人才培养的宗旨。同时，突出“北航设计、全球培养”，更加重视塑造学生的学科交叉思维和通专结合的综合素质。为此，学校秉持“学生为本、通识为基、融合一体、创新开放”的理念，新成立北航学院，北航80%的大一新生将进入北航学院学习。所谓“学生为本”，即在本科教育期间，以培养学生成长成才为中心，充分发挥学生的主体地位，满足学生个性化的发展需要，统筹各方资源，贯彻落实党的教育方针与政策，立德树人，实现培养“具有高度的国家使命感和社会责任感，理想高远、学识一流、胸怀寰宇、致真唯实”的领军领导人才的培养目标，培养中国特色社会主义的优秀建设者与可靠接班人；“通识为基”，即北航学院采用通识与专业并重的个性化培养，在课程设置方面强调将通识教育作为根本，更加注重学生综合素质的培养，提供学科交叉的知识背景，扎实打牢学生的学业基础，使学生的知识面更加全面，实现提高学生通识素养、让学生找到适合专业方向、让学生更有获得感的培养目标，从而最终为学生创新能力的培养打下坚实的基础；“融合一体”，即北航学院一改传统教学与思政工作分离的局面，将教学与思政工作紧密融合，相得益彰，共同服务于创新型人才的培养；“创新开放”，即采用新的组织模式，例如，北航推行书院制通识教育，成立北航学院，积极探索多要素融合的书院制管理模式。同时，加强与校内各专业学院、机关部处、校外各行业企业、兄弟高校的交流与合作，积极推送人才培养改革，用最先进的教育理念来培养符合时代要求的创新型人才。

在这里，学生不会有“选错专业”的后顾之忧，通专融合的大类培养模式使学生对学习内容和专业方向的自主选择权更加明确，根据自身兴趣爱好来定制自己的专业；导师制、研讨制、小班化的创新教学方式，将为学生量身定制成长成才方案；学习、生活一体化的书院制社区，将为学生创造跨学院、跨专业的交流平台；推动完全学分制下“1主修+N辅修”的专业创新模式，聘请全球教师、招募课程，将打破教师专属，打造“课程超市”。

1.2 北航学院建设

2017 年，北京航空航天大学以培养“具有高度的国家使命感和社会责任感，理想高远、学识一流、胸怀寰宇、致真唯实”的领军领导人才为目标，探索大类招生与培养，对招生专业进行重大改革和调整，并在多年试点经验基础上，成立覆盖一二年级大类本科生，强化通识教育的“北航学院”。学院按照“学生为本、通识为基、融合一体、创新开放”的育人理念，整合全校教育资源，统筹管理大类人才培养和书院建设，推动人才培养模式创新，实施品牌教学团队计划，全球聘请教师，推进“课程超市”机制，努力使优质资源服务于人才培养。

在学院内部，设有综合办公室、教学部、学生部以及士谔、冯如、士嘉、守锷、致真、知行、传源七大书院，从全校优选知名专家学者担任书院院长，由国家级名师等担任大类责任教授，设立十个大类核心课程群，学院以厚基础、强能力、重素质、拓思维为总体目标，系统性构建大类人才培养方案，着力推进教学与学习的融合一体建设，具体框架见下图 1 - 1 所示。

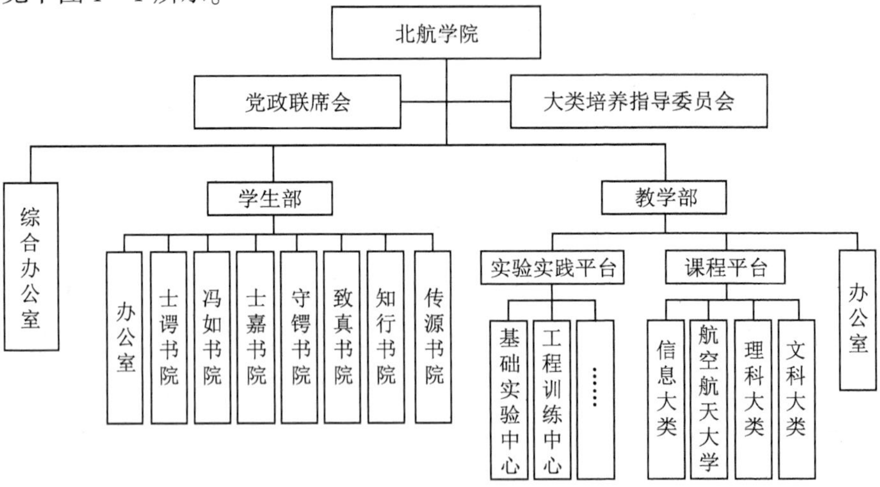

图 1 - 1　北航学院组织结构图

书院核心功能涵盖通识教育、导师制以及社区育人。在通识教育方面，重视文理根基，瞄准学生全面发展，建立了面向学生课内学习的课堂外专业化指导支持制度，围绕新生学习、生活、发展等方面构建了适应性辅导体系。在导师制方面，建设学业导师、思政导师、社会导师、朋辈导师相结合的导师体系，打造专兼结合的辅导员队伍，充分感知学生的状态和个性，发掘问题和需求，加强陪伴引导，开展课程体验、能力测试、个体诊断等学业认知指导和心理教育、个人发展指导。各书院为 2022 级本科生聘请导师 468 名，其中高级职称比例 71.4%，师生配比 1∶6.5；聘请班主任 107 名，高级职称比例 64%；聘请优秀高年级学长 715 人担任“梦拓”朋辈导师，“梦拓”配比 1∶4。在社区育人方面，强化学生自我管理委员会和学生社团组织，创新以学生社区为主的党团组织模式，建立学业与发展支持中心，帮助学生更好适应大学学习。学院实施导师、辅导员驻楼，建设阅读区、自由讨论区、团队活动室、创意活动室、师生交流室等活动空间，形成课内课外、校内校外的育人“大社区”。

北航学院的建设是学校一项重大的教育教学改革举措，学院将更加重视学科交叉能力的培养，更加重视通识教育与专业教育相结合的综合素质培养，更加注重学生的个性化发展需求，充分发挥书院制在教育教学改革中的作用。始终致力于传承北航人才培养传统和优势，进一步拓展高水平精英人才培养模式；着力扩大学生自主选择权，促进个性化发展；致力于支撑人才培养改革，推进通识教育，改变课程与学院、教师的专属关系，实施任课教师的准入、退出机制，引入良性竞争，不断推进和加强一流本科人才培养。

1.3 北航学院的教与学

鉴于传统的教学与学生管理有一定程度的脱节，北航学院建立了教学与学生管理融为一体的新模式，即目标—活动—组织的交叉支撑和网状联动模式，具体框架见下图 1－2 所示。

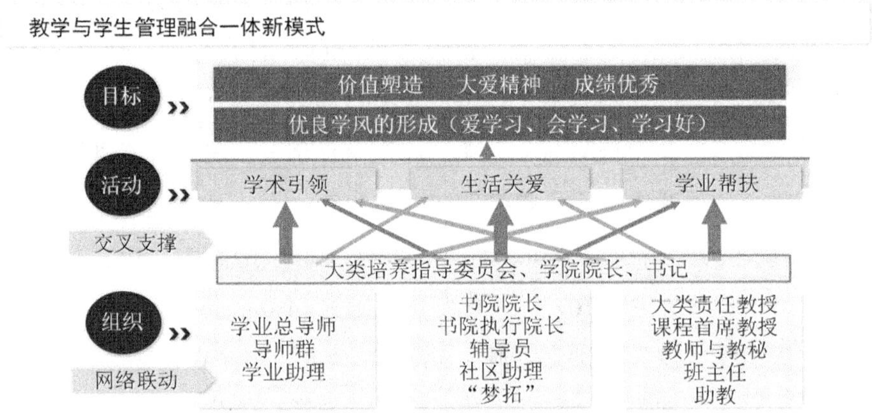

图 1－2　北航学院教与学管理模式

该新模式的目标是紧密围绕“价值塑造”，最终培养出具有“大爱精神”且成绩优秀的北航学子。北京航空航天大学党委将坚持把培育和践行社会主义核心价值观作为立德树人的内在要求，紧紧围绕师生成长发展需求，以深入开展“爱祖国，爱航空，爱航天，爱北航”教育为载体，将大爱精神与北航精神、空天文化深度融合，塑造德才兼备、知行合一的北航文化特质，将以文育爱、以爱化人，构建人文课堂、艺术殿堂、活动舞台、文化嘉苑等丰富多样的校园文化格局，打造一批承载北航空天报国精神和文脉气韵的校园人文景观，从而最终培养一批“爱学习、会学习、学习好”的成绩优秀的北航学生。而这里，目标的最终实现得益于两个方面的支持与保障。一方面，通过开展丰富多样的活动，使学生在学术引领、生活关爱与学业帮扶三个方面得到帮助与提高；另一方面，组织给予这些活动有力的后勤保障。2017 年，北航实施了大类招生、大类培养的改革，在大类培养指导委员会、学院院长、书记的带领下，北航学院实行书院制，并全面实施本科生导师制，强化导师在学生尤其是学业方面的关键作用，成立导师群（团队），并配备学业助理，通过导师的“导心、导学、导向”树立学生的学业标杆，进一步突出了名师的示范效应，积极引导学生与名师之间开展内容丰富、形式多样的互动，共同为学生的学术引领贡献力量。同时，成立由书院院长、书院执行院长、辅导员、社区助理、“梦拓”等组成的思政团队，引导学生牢固树立中国特色社会主义事业建设者和接班人的主体意识、责任意识和使命意识，引导学生扣好人生第一粒“扣子”，给予学生思想、生活、心理等多方面的关心与爱护。此外，还设立大类责任教授、课程首席教授，并与教师、教学秘书、班主任与助教共同组成一个教学共同体团队，全面提升教学专业水平，切实提升教育教学质量，为学生的学业帮扶提供一个扎实有力的平台。

总而言之，丰富多彩的活动与有力的组织保障相互交叉支撑，使得教与学不再孤立，共同为实现目标而交织成网，形成了教学与学生管理融为一体的新模式。

2　学业与发展支持工作概述

在大学中，学生的学习与发展永远是人才培养的重要内容。随着我国高等教育从大众化进入普及化阶段，高校的毛入学率和总体规模有了快速增长。党的十八大以来，高等教育毛入学率提高 27.8 个百分点，达到 57.8%。在学总规模 4430 万人，十年间增加 1100 余万人。随着高等教育的普及化，我国在教育阶段出现了诸如学校对学生个性限制、教师对学生培养投入不足、学生缺少对未来发展思考等问题。这些问题在一定程度上影响了高等教育的质量，甚至有部分学生因为无法正确面对学习发展中遇到的困难和挫折而患上严重的精神疾病。如何因人而异提供指导，帮助学生顺利、高质量地完成学业；如何完成令大学回归到人才培养的根本任务，已成为高等教育面临的重要课题。在国外大学中，学业指导机构是提升人才培养质量不可或缺的一环，一般通过成立学业指导机构或设立专门的学业辅导项目达成，如哈佛大学的学业及个人发展中心、斯坦福大学的本科生学术生涯项目等。当前国内大学以强化大类培养、拓展学生选择自由度，以满足学生发展志向。但面对学生选择时产生的诸多困惑，大学该如何提供与大类培养改革配套的学业指导便成了新的研究方向。学业与发展支持工作是基于中国当下高等教育发展阶段近年来兴起的一项重点工作，它能帮助大学生解决大学学业和成长发展的困惑，走好人生的第一步。

2.1 学业与发展支持工作的定义与内涵

学业与发展支持工作，又称“学业指导工作”或“学习与发展指导工作”。美国著名学业与发展支持工作协会——NACADA 在学业指导手册《什么是学业指导》中采纳了 David Crockett（1988）对学业指导的定义，即学业指导是一种发展性的过程，它帮助学生认清他们的人生和职业目标，并通过教育来帮助他们实现这些目标。这是一个决策过程，学生通过和指导者的交流获取信息，认识到所受教育可能带来的最大潜能。学业指导是持续不断的、多面的，需要指导者和学生共同负责。指导者的作用包括促进有效的交流，以课程、职业规划和学业进步的视角协调学生的学习经验，并在必要时帮学生转介到其他校园机构。除了不同的学者对学业指导的定义有区别，每所学校对学业指导的具体定义也不同，定义往往体现了学校的目标和价值观。每所学校的育人目标不同，因此学业指导的设置也不同，但大致上有一些共同点，包括：学业指导既是一个学习的过程，也是一个成长的过程，在不同时间发生，在不同阶段进步；学业指导是多元的，包括不同需求、不同动机、不同程度的支持以及不同方法的使用；学业指导也应关注学生的学业成功，并考虑学生的个体差异；学业指导提供学业决策制度以及高效的学习活动等。

在教育部高等教育教学评估中心编制的《中国高等教育评估词汇》中，“大学生学业指导”是指“高等院校对在校生进行的学术与非学术、课内与课外、大学学习与终身学习乃至职业生涯规划等在内的所有学习活动的指导。内容包括学习思想与观念、学习目标与内容、学习方法与手段、学习心理与道德等。目的是最大限度地挖掘学生潜力，拓宽学生受教育经历，帮助学生顺利完成学业，培养学生的学习能力，促进学生更好地发展”。

综合现有国内外学业指导相关研究成果，以及国内目前关于学业与发展支持工作的实践，结合学业与发展支持工作，其定义可以总结为：学业与发展支持工作是指基于高等教育的教学目标和学生学习发展的共同需要，由教育机构建立相应的组织体系，系统整合、优化配置课内外有利于学生学习发展的各类教育资源，依托教育学、社会学、心理学等领域相关理论和研究方法，综合运用多种指导方法和手段，最终达成为学生的学习与发展提供专业化的指导和支持，进而成长成才的高等教育目标。

2.2　学业与发展支持工作的作用与意义

2016 年有一份麦克思的研究报告受到了教育界的关注。报告中指出，目前高校中超过半数的 95 后新生遇到了学习问题，63% 的学生对所学内容缺乏学习动力，57% 的学生缺乏自学方法，为数不少的学生都曾旷过课、缺交作业。然而大多数高校都要等到期末考试成绩发布才能发现那些遇到学习问题的学生，但为时已晚，已无太多的补救措施。那么，如何提前对学生提供帮助和指导就变得尤为重要。大学本科生（以下简称为“大学生”）学业指导研究意义重大，其有助于全面提高人才培养质量，高校也可以借此为学生提供个性化教育，促进大学生成长成才。

1. 开展学业支持与发展支持工作有助于全面提高人才培养质量

大学生活的核心任务就是学习，学习各类理论知识和技能，学会适应社会的本事，学习做人做事的准则等。《论语》中谈到的“诲人不倦”“各言尔志”“讷言敏行”反映的都是教师对学生的影响，表达的是一种和谐的师生关系。然而，反观如今的师生关系只是一个舞台演员和观众的关系，与求学的意义相差甚远。高校办学不仅要关心学生的学习成绩，还要关心学生的道德品质，更要关心学生身心健康；不仅要关注学习的最终结果，还要关注学生的整个学习过程，更要关注学生的学习行为。那么，如何来衡量学生的学业质量？毫无疑问是学业水平，想要提高学生学业成就最有效的措施就是对学生的学习和学业进行指导。高等教育是一种稀缺资源，不管是何种原因导致的学业失败，都将对国家、对社会、对自身造成损失。很多大学生都不知道自己为什么要读大学，大学究竟学到了什么。很多人直到大四依旧感到迷茫，不管是考研还是就业都是跟风进行选择，并没有自己的打算。大学不仅仅要教授理论知识、培养实践技能，还要更多地关注学生的学业发展。提高人才培养质量的根本在于提高学生的学习质量，学生学习质量的提高需要引起学校各级领导的重视，需要任课老师教学生“学会”，更要教学生“会学”，引导学生积极主动地学习。

2. 开展学业支持与发展工作有助于高校为学生提供个性化教育

孔子曾在2000多年前就已经提出“因材施教”“有教无类”的教育思想，或许这是最早关于个性化教育的观念和思想。个性化教育就是要让学生的个性都能够得到充分发展的教育，要促进学生发展和张扬个性，使每个学生都能得到全面发展的教育。个性化教育的实质是让每位具有个性差异的受教育者，都能找到自己个性形成和才能发展的独特领域，是以个性、人格充分发展为目标的教育。加强学业指导是高校为学生提供个性化教育的需要，为学生学业发展提供个性化服务的需要，促进学生全面发展的需要。目前有些高校开展了学业指导计划，比如，通过师生互动指导、学生面对面交流、优秀学生主题报告等形式，加强对学生课程修读、主辅修、学术研究、国际交流等多方面的指导；依托本校教学名师的力量，通过个性化咨询、团体辅导等多种形式帮助在学业发展上有不同需求的同学，进一步明确学习目标，增强学习动力，改进学习方法，提高学习效率；开展不同类型的辅导活动，为同学提供基础课程指导，以及学术论文写作、科技创新活动开展、学科竞赛参赛、出国留学、考研等方面的指导；针对同学们的学习需求，定期开展大学生英语竞赛考前讲座，英语、思政等基础课学习论坛及各类考前辅导，提纲挈领，汲取课本精要，准确定位知识重点，为同学们提供正确学习方向、重要资料，树立迎战考试信心，增强学习动力，充分调动学生自主学习的积极性，以最大限度满足学生的需求，帮助学生在学业发展中取得进步。

3. 对大学生学业进行支持指导是大学生成长成才的需要

我国高等教育目前已经进入教育大众化阶段，招生人数不断扩大，大学生在各个方面都呈现出不同程度的多样性，大家的学业状况、学习能力、学习方法、学习策略都存在很大差异，在学业上面临的困难和问题也不尽相同。问题的存在意味着学生无法顺利地完成学业，阻碍了其正常的成长发展。因此，要想办法解决这些问题的最有效措施就是加强大学生学业支持与指导工作。一方面，可以深化育人理念，依托专业机构支持学生个性发展，为师生互动交流搭建平台，为学生的学习与发展提供专业化的指导、咨询和服务，便于强化学业学风建设和辅导，使学业学风建设相关工作有序推进与开展；另一方面，可以创新教育机制，构建有中国特色的学习发展指导体系，同时这也是全面落实立德树人的根本任务，从而让人才培养更加科学化和专业化。

2.3 国内外高校学业与发展支持工作综述

2.3.1 国外高校学业与发展支持工作调研

2.3.1.1 英国高校学业支持工作

1. 机制完善

学业支持工作队伍专业化水平高。英国高校学业支持的模式虽然不尽相同，但是均设有专门的学业支持机构，配备一定数量的专职行政工作人员。机构设置主要有两类：第一类大学将学习指导作为心理咨询业务的一个重要分支，设在心理咨询中心。这类大学认为学习指导的重点在于找出学生学习困难的心理原因，只有运用心理辅导方法，通过一系列有针对性的引导手段和方法，才能有良好收效。第二类学校单独设立学习促进中心，对学生的学习能力和教师的教学方法进行统一的管理和服务。各高校学业支持机构的工作人员专业化水平比较高，基本都拥有心理咨询与职业指导的专业技能，有的曾是专职教学教师，学业支持能力、组织协调能力、信息化办公能力较强，能积极有效地开展各种学业支持活动和行政管理服务工作。

2. 内容广泛

满足学生学业发展内在需求。英国高校在学业支持方面，能够将每个学生视为独特的个体，从学生个体学业发展的需求和成长规律出发提供支持内容，而不是从管理方便出发，先将学生分成不同年级、优差生等若干群体类型，再提供相应资源。基于这样的目标和理念，英国高校提供的学业支持内容就不仅仅限于数学、语言和专业课程的知识辅导，而是包罗万象，几乎囊括学生应该掌握的所有必要技能，包括对高等教育的正确理解、大学学习的基本能力培养及学生学术活动中需要的高阶技能等。

3. 形式多样

全面覆盖学生学习生活。英国高校学业支持的形式多种多样，互相补充，十分系统和完善，基本上覆盖了全部学生的生活时间和空间。

（1）学生自我支持

英国高校非常重视培养学生独立思考的批判精神和独立自主的学习能力，因此，在学业支持上也鼓励学生首先进行自我支持。当学生在学业发展上遇到困难和疑问时，首先应该自助查询学业支持机构提供的线上及线下学业指导资料。这些资料具有基础性、普适性特点，通用度较高，可以满足绝大多数身心健康、具有自主学习能力的学生的需求。

（2）一对一深度辅导

如果学生觉得通过自主学习并没有找到满意答案，或者觉得老师的指导更有效，就可以申请一对一深度辅导。深度辅导旨在提高学生独立自主学习能力，让学生更有效地学习。指导教师会给学生一些建议，让学生去尝试，并最终找到最适合自己的解决办法，而不是指导具体科目和作业题目、批改作业等。如果学生想深度讨论一些具体题目，则需要提前将自己的文章通过邮件发给教师，并说明需要讨论的重点。牛津大学和剑桥大学还实行独具特色的个人导师制。导师和学生每周见面两次，进行一对一或一对二指导，深度讨论学术问题，进行思想上的碰撞。但这是一项非常昂贵的教学安排，需要大量的高水平师资，且每次课需要支付导师 50 英镑课酬。

（3）随时造访和快速咨询

学业支持机构还提供随时造访和快速咨询服务。英国雷丁大学的学业建议和数学支持中心提供即时服务，学生可以随时上门找数学老师辅导，或咨询各类简单的学习问题。它的优势是学生可以随时得到服务，不用预约，而且氛围比较轻松；弊端是时间比较短，教师无法具体了解来访学生的全面情况，只能给予课业解答，不能给出更有针对性的建议。另外，学业支持机构在假期也提供辅导，可以为在公司实习或海外交流的学生提供远程邮件辅导。

（4）团体辅导

团体辅导是一种被广泛应用的学业支持形式，能达到一对一辅导的部分效果，但覆盖面更大。雷丁大学的学业建设中心举行多种形式的团体辅导活动，并形成了成熟固定的模式，每学期的活动主题会提前公布在学校网站上。学生不需要预约，可以直接参加。同时，学业建议中心也会跟各院系合作，根据该院系的专业特色和需求来开展团体辅导活动。团体辅导活动的讨论人数不限，少则三四人，多则上百人。团体辅导活动的覆盖面大，但是不足之处在于缺乏个性化，由于学生的学习水平和需求不同，活动内容不一定对每个参与者都适用；同时，有的学生也会因为课程时间冲突而不能参加需要的辅导活动。

4. 媒介新颖

为贴近新时代青年学生特点，英国高校学业支持在传播媒介上也是煞费苦心，在保持既有优良传统的前提下，也适时迎合了互联网时代青年的行为习惯特点。每项学业支持内容基本上都是多媒介传播，学生可以通过纸媒学习，可以在台式机、笔记本电脑上查看，也可以在平板电脑或智能手机上翻阅，这些资源几乎可以保证能被学生随时随地使用。

（1）学校学业支持网站

学校的学业支持网站仍然是最主要的传播媒介，最突出的特点是用户导向。网站界面友好，以学生视角，从学生需求出发，将学业支持资料分门别类进行编目，清晰地列出各项支持内容，易于学生查找和使用，而不是以各职能部门工作内容为逻辑主线，编排网站页面。学生在浏览网页之外，还可以在线填写反馈意见，与学业支持机构进行沟通。

（2）社交平台

在“互联网+”时代，各种社交平台被学生广泛使用，英国高校也及时跟进。在推特、脸书等社交平台上建立了学业支持公众账号，及时推送文字、图片和视频资料。相比普通门户网站，学业支持社交平台在提供信息、资料之外，更加面向用户，能够根据关注热点自动为学生推送个性化资料，促进学生之间的交流，也更加适合移动化的生活模式。

（3）大学内部信息系统

很多大学都有面向本校学生的内部信息系统。学生登录后，可以下载丰富的资源。参与到特定项目后，将会有更多与项目相关的资源可以下载，更加丰富的活动可以参与。如“黑板”是被很多大学采用的一款由公司开发的内部课程信息系统。在这个系统内，各校学生用学生账户登录后，可以接收本校公告、课程推送信息，查看成绩，讨论发帖，参加测试和下载相关资源。

（4）智能设备客户端

随着智能手机、平板电脑等智能设备的普及，这些设备已经成为学生必不可少、随时关注的社交媒体工具。英国高校也将各种学业资源推送到智能终端上，如图书馆系统手机客户端、“黑板”系统的手机客户端、大英百科全书客户端、电子资源的 Kindle 版本等，便于青年学生随时随地学习和使用。

（5）纸媒、电子书和音视频多载体相结合

在新媒体的冲击下，纸媒仍然得到了高度重视。学业支持部门会在校内开展活动时现场发放纸质材料，在图书馆、教学楼、洗手间等醒目位置设置广告和提示，在图书馆存放多种发展学习技能的书籍。雷丁大学的学习建议中心还专门在网站上提供了相关书籍在图书馆的摆放位置和检索号；制作了“自由学习技能”电子书，将各种学业发展指导意见和资源集中到手册中，共计 6 万多字，堪称学业发展百科全书，便携、易读，对学生的指导意义非常大；制作各种内容的短视频教程，短小精悍，很好地利用并适应了互联网时代信息碎片化的特点。

5. 以人为本

英国各高校在学生事务中非常注重对特殊群体的关注和支持。在学业支持上，对于新生、研究生、国际学生、成人学生、残疾和障碍生在学习方法、语言风俗、技能训练和隐私保护等方面的问题，都提供了格外的关注和特殊的指导，让这些群体能够更顺利地适应大学的学习生活。

2.3.1.2　美国高校学业支持工作

美国高校的学生学业指导工作自诞生以来，内容不断扩展和调整。早期的学业指导，主要是为了配合选修课制度的实施，帮助学生制定合理的课程计划，避免学生盲目选课，从而达到既保证学生自主选择权又保证高等教育质量的目的。实践证明，学业指导是一种有效提高学生学习效果的方式。在长期的实践中，学业指导的内容也从最初的课程指导扩展到对整个学习过程的指导，再扩大到对职业规划和生涯规划的指导。尽管学业指导的内容不断扩展，但其核心内容还是对学生学习及课程的指导。

1. 对课程选择的指导

几乎所有的美国高校都将课程指导放在突出的位置，把指导学生制定适合自己的选课计划作为学业指导的基础和核心。这主要是因为，学生所选择的课程直接影响到学生的知识结构，这是学生未来发展的基石。同时，课程指导也是学生专业选择和职业生涯规划的基础，大学生只有在合理制定课程计划的基础上，才能进一步做好职业规划，确定未来的发展方向。几乎所有的美国高校把对课程选择、专业选择的指导作为新生入学指导的核心。学校安排专门的指导者在了解学生个性背景的情况下，在入学之初帮助学生选择课程和专业。除此之外，学校还安排课程选择指导教师定期跟踪学生的学业情况和学习兴趣，帮助学生在课程和专业选择方面进行调整。尊重学生的兴趣和选课自由是对课程和专业选择的基本原则。

2. 对学习问题的指导

“授人以鱼不如授人以渔”，美国高校的学习强调的是一种相对宽松的学习环境，对学生自主学习的要求极高。因此，学业指导在一定程度上授予学生的是战略性的学习策略。帮助学生“学会学习”是美国高校学业指导的重要内容，许多美国高校在学业指导机构下专门设立学习中心。该中心以提供多样的学业咨询服务为主，为学生解决学习或考试的困惑、提供某一类型学科的学习技巧、指导学生如何合理安排学习计划和进行时间管理。大多数的学业咨询服务都采取一对一的指导形式，学生可以先把所要咨询的问题通过电子邮件的形式发送给指导人员，再由指导人员安排具体的时间进行面对面的辅导。

3. 对学校资源利用的指导

校园是学生学习和生活的主要场所，学生应该对自己的校园有全面系统的了解，只有在充分了解学校提供的服务支持的基础上，才能更好地利用这些资源为理想的大学生活服务。在学习资源方面，学业指导人员有义务根据学生选择的课程和专业为学生介绍相关的学习资源，如图书馆、实验室、运动场馆等。此外，学业指导人员还应该向学生提供社团服务的介绍，根据学生的兴趣爱好，在选择社团方面给予咨询和指导。在生活资源方面，学业指导者应该让学生了解学校的配套健康服务设施，包括校医院、心理咨询和治疗中心等保证学生身心健康的服务设施。除此之外，不少美国高校特别关注残疾学生的需求，特别安排了残疾学生的“特殊指导”，包括为残疾学生介绍学校的残疾人专用设施和便利服务，为残疾学生的发展提供充分的物质保障。

4. 对职业生涯的指导

美国高校学生学业指导的一大特色就是将学业指导与大学生的职业发展和生涯规划有机结合起来。为学生的职业发展提供平台是大学教育的重要方面，美国高校敏锐地把握住了这一特点，在对学生提供学业指导的同时，也对学生进行职业定向，帮助其制定生涯规划。学业指导和职业发展、生涯规划的有机结合，使学业指导更加切合实际，更加容易被学生、家长和社会所接受。职业生涯指导从学生进入学校开始贯穿于学生大学生活的各个阶段，为大学生提供服务和资源，帮助学生做出职业选择、进行职业生涯规划、学习求职技巧等。对于一年级新生来说，职业生涯指导主要是指导学生进行自我评估，帮助学生了解自己的特点、专长和兴趣爱好。评估主要是以问卷、心理测试和量表的形式进行。评估结束后，学业指导人员根据评估结果为学生提供职业咨询。对于二三年级的学生，学校会帮助学生获取就业信息，通过与企业合作的实习项目，帮助学生培养就业心态，体验真实的职场环境。对于四年级的学生，学校主要为学生提供就业资源信息和为学生安排求职技巧的专门讲座。此外，学校还会开与职业生涯相关的各种课程、讲座和培训，帮助大学生掌握更多实用的求职技巧，寻找到合适自己的职业。

2.3.1.3 国外高校学业支持工作典型案例

1. 哈佛大学

哈佛大学是美国高校学业指导的发源地，该校的学业指导工作从一开始单一的课程选择指导发展为内容丰富、形式多样的特色学业指导活动。哈佛大学的学业指导发展历程同美国学业指导历史一样，见证着学业指导制度从单一到多元、从零散到系统、从业余到专业的变化。以下为哈佛大学具有代表性的学业发展与支持工作介绍。

(1) 个体咨询

个体咨询主要是为学生提供一些关于学业表现、心理问题和人际关系问题等方面的咨询。咨询顾问指导学生在遇到困境时做出选择，通过面谈的方法倾听学生的问题和困惑，了解学生的个人背景、认知水平、学习风格等关键信息，为学生提供心理疏导和解决意见。咨询顾问多采用正向辅导法，以鼓励为主，帮助学生建立自信心、增强自我存在感和学习的快乐。个体咨询的问题一般集中于学习策略、时间管理策略、注意力集中问题、考试焦虑和人际关系等方面。

(2) 工作坊和团体咨询

工作坊是指为学生提供一个分享彼此学习经验和生活经历的场所，让参与的学生自由讨论学习的体验、收获和挑战。团体咨询主要是针对一些具体的、有普遍性的问题，学生可以通过投票的方式建议团体咨询的主题。团体咨询的主题大体上涵盖两个方面：一是学术方面的，二是生活方面的。目前，学习咨询处提供的团体咨询主题有如下几种：注意力集中策略团体咨询、创造性培养团体咨询、人际交往团体咨询、自我认知团体咨询、学习策略团体咨询、针对国际学生的学习技巧团体咨询等。除了团体咨询外，学习咨询处还开展了内容丰富的工作坊活动，例如涉及学习技巧的做笔记和考试技巧工作坊、时间、资源管理工作坊、论文写作工作坊等；为成人学生开办的探讨如何平衡家庭与学业关系的工作坊；帮助学生开发潜力、探索职业发展方向的职业生涯工作坊等。

(3) 阅读课程

阅读课程的宗旨是指导学生掌握阅读技巧，提高阅读的质量和刺激阅读积极性。阅读课程通过帮助学生明确自己的阅读兴趣点，选择合适的阅读书目，教授学生阅读的技巧。阅读课程能够有效地提高学生的阅读质量，帮助学生增强思维的灵活性。阅读课程主要分为用眼阅读、用心阅读、有目的的阅读、记忆、理解性阅读等多个项目。课程通过电影阅读法训练学生眼球移动的速度，提高学生跳读和选择阅读的能力。

(4) 同辈辅导课程

同辈辅导主要集中于课程辅导。在课程辅导的基础上，辅导者还可以分享自己的就读经验并为辅导对象提供心理的疏导。学习咨询处是哈佛大学校园内唯一被正式授权的学生自主服务资源。同辈辅导已经成为课堂教学的一种补充，辅导的科目大多集中于数学、经济学、语言等重点科目。同辈辅导主要有两种形式：一是收费的一对一辅导，二是电话自助辅导。同辈辅导的时间和地点由学生和其辅导员自主决定。

2. 北卡罗来纳大学教堂山分校

北卡罗来纳大学（简称北卡大学）教堂山分校的学业指导与咨询工

作在全美处于领先地位，该校的学业指工作多次被全国学业指导协会（NACADA）评为示范高校。北卡大学教堂山分校的学术咨询与指导主要为在校学生提供有针对性的学业支持项目，包括为学生开展“高危课程”的补习辅导、阅读和写作辅导，针对有学习障碍学生的辅导等项目。

北卡大学教堂山分校学业指导工作的实践是通过学业服务中心下设的各个专业中心来具体执行的。这些专业中心为学生提供学习方法的指导和数学、写作、阅读以及考试准备等方面的指导，学生可以根据自己的实际需要自行选择。下面将对该中心的几个重要指导项目进行详细的介绍。

（1）面向全校学生开展的学业指导项目

①阅读项目

阅读项目主要是针对希望改善自己阅读习惯，提高学习效率的学生。阅读项目旨在帮助学生培养良好的阅读习惯，提高阅读的速度和理解能力。学生可以根据自己的实际情况选取练习主题，包括阅读理解练习、记忆技巧练习、阅读速度练习、做笔记和注意力集中练习等。学生通过自主学习完成训练项目，每次的阅读时间和任务完成量由学生根据自己的学习需求决定，当学生遇到问题时可以向指导者求助。

②补充辅导项目

补充辅导项目主要是针对高危课程，采用团体讨论、大规模讲授方式，为特定专业的学生提供基础性辅导，指导教师每周举办三次研讨会，每次大约 50 分钟，学生自愿选择参加与否。根据学校的研究数据表明，补充辅导项目的效果是十分显著的，它有效地降低了高危险课程的不合格率，参加辅导的学生与未参加辅导的学生相比，学科成绩高出 0.5 到 1 个学分。

③同辈辅导项目

同辈辅导项目中的“指导者”由高年级本科生担任。项目负责人通过筛选申请表和面试的方法来确定同辈指导人员，“指导者”需要经过选拔测试和专业培训才能“上岗”，学习中心还会定期对同辈辅导项目进行监督和跟踪，以保证指导的质量。

④学业成功讲座

北卡大学教堂山分校的学习中心每年都会定期开展学业成功讲座系列项目。在新学期伊始，学习中心的网站会发布本学期的讲座主题和时间地点，学生可以根据自己的兴趣自愿选择主题参加。讲座主要邀请某学科领域的专家和取得突出成绩的学生主讲，以研讨会的形式让参与者互动交流，分享彼此的学习经验和心得体会。

（2）面向一年级新生开展的学业指导项目

除了开设常规的学业指导项目外，北卡大学教堂山分校特别重视对新生的学业指导，该校学业服务中心下设的新生和家长项目办公室专门负责新生的入学指导工作。新生和家长项目办公室的宗旨是为新生提供大学资源和活动信息，帮助新生尽快地适应大学生活，在家长和学校之间建立联系，以帮助和支持学生学业的成功。

①建立专门的新生和家长网站

北卡大学教堂山分校的新生和家长项目办公室为新生和家长开设了专题网站。在网站上，学生和家长可以自助查询学校的资源和提供的服务，如学校设施、奖学金制度、学术咨询等。网站主要围绕新生和家长最关心的问题，如注册流程、住宿服务、新生夏令营等问题提供解答，为新生的入学适应性打下良好的基础。

②开设丰富的新生入学适应项目

北卡大学教堂山分校的新生适应项目内容丰富，大部分项目由学生自主选择是否参加，有个别项目要求全体新生必须参加。例如新生测试定向研习班，该项目为期两天，旨在帮助新生提前了解北卡大学教堂山分校的课程设置和学校资源，还能够在项目中与学校的教师、工作人员和高年级同学见面，让新生对未来的大学生活有整体性的了解，以便为尽快适应新的校园生活、融入新集体中奠定良好的基础。

暑期阅读项目是北卡大学教堂山分校沿袭已久的一项学业指导活动。学校会在新生入学前的暑假为他们推荐暑期阅读的书籍，并要求学生在入学后的迎新周开展读书交流会，讨论并分享阅读后的体会。每一年推荐的书目都是经过学校图书推荐委员会精心挑选的。

2.3.2 国内高校学业与发展支持工作调研

2.3.2.1 中国高校学业支持工作类型

随着我国高等教育开始步入大众化阶段，高校招生人数不断增长，庞大的学生数量和日益多元化的学生需求给我国高等教育的教学和学生事务管理工作带来了难度和挑战。在如此环境下，高校如何坚持学生为中心，为学生的学习生活服务，培养高质量人才，成为目前我国高等教育机构首要考虑的问题。随着高等教育改革的不断推进，许多教育者开始反思我国高等教育存在的问题，逐渐发现大学生在为什么学、学什么、怎样学等问题上的看法直接影响着学生的学业表现。长久以来，我国的高等教育领域并没有真正的学业指导，学生事务管理工作都是由辅导员负责，辅导员更多关注的是学生的生活和思想方面，学业方面的指导几乎完全依靠任课教师。但是大学的师生互动关系不同于其他教育阶段，大学教师很难兼顾到每位学生的学术发展，也没有大量的时间和精力与每位同学进行交流。因此，我国的大学生在学习问题上基本处在“自我探索”或“人云亦云”的盲目状态。随着欧美国家在高校学业指导制度方面的不断完善和取得的成效，我国的高等教育机构也开始重视高校学业指导在高等教育领域的应用。目前，已经有不少高校都开展了不同形式的大学生学业指导工作，且取得了一定成效，指导内容多集中于学习方面，根据教育部组织的“第四期大学生学习改革与创新研讨班”的报告，可以将我国目前正在开展的高校学业指导工作分为以下几种类型。

1. 建立专门的学业指导组织

为将高校学业指导作为一项常规化、制度化的工作，有些学校成立了专门的学业指导中心。如清华大学于2009年成立的“大学生学习与发展指导中心”，该指导中心隶属学校工作指导委员会，挂靠学生部；成立专门的指导委员会，聘请校内教师和高年级学生为咨询专家和同辈学习咨询师，为学生进行专业的学业指导。学生学习与发展中心旨在为学生的学习与发展提供专业化的指导、咨询和支持服务，提高学生学习质量，服务学生成长成才。安徽工业大学由教务处、学工部、关工委等部门联合成立了“大学生学业指导中心”，该指导中心负责组织开设《大学生学业指导》系列课程，把在校教师、学校管理人员、研究人员以及关心学生工作的离退休教师都组织到学业指导的队伍中来，对有需要的学生进行有针对性的指导。

2. 开设学业指导课程

对于我国高等教育来说，学业指导在某种程度上并不是新事物。早在1984年，上海大学和西安交通大学就开设了教授学生学习方法的课程，此后陆续有高校将学业指导课程纳入课程体系。有的学校将学业指导课程作为必修课程，如长沙大学；有的则是作为选修课程，如北京交通大学、中国地质大学（武汉）等；也有的学校是以讲座的形式开展的。在教学规模上，有的是大班教学（班级规模甚至达二三百人），授课时间相对固定，这样有利于形成集体参与的良好氛围；有的则是小班授课，一般为一个学期；有的可能持续了一学年，便于进行深入的个别指导。从开课时间来说，有的学校特别重视新生的指导，将课程安排在第一学年；有的则分散在大学四年的不同阶段，针对不同年级学生的特殊需要进行课程内容的安排。课程名称也各不相同，有的统称为学业指导课；有的则取名“学习的智慧”“学习的策略”“大学生学习方法论”等。课程内容方面，有的侧重于专业和课程的介绍；有的侧重于学习方法、学习策略的掌握。此类指导课程的内容是不够全面的，根据学生的反馈发现，此类课程通常以选修课的形式出现，学生对于这类学业指导课程往往缺乏重视。

3. 将学业指导融入学校和学生事务管理中

这种情况属于比较零散的形式，比如学校为新生组织新生见面交流会，安排一场关于如何有效利用学校资源的讲座，或是为毕业生安排就业、考研、出国等方面的指导，以及针对一些学习压力过大或人际交往存在问题的学生提供心理指导等。这些做法是目前我国大学中最为常见的学业指导形式。这种指导形式的最大问题是频次较低，且对学生学业方面的指导较少，学生参与程度也有待提高。如何能够让学业指导得到学生认可，使学生通过学业指导得到切实的帮助，成为目前我国高校学业指导工作需要解决的问题。

2.3.2.2 中国高校学业支持工作典型案例

1. 清华大学

清华大学学业支持工作有三个突出特点：第一是个性化，因为学生越来越多样性，所以要提供个性化的发展支持；第二是专业化，为了能够更好地提供个性化的服务和支持，必然需要有专业的团队和专业的方式提供这样的工作；第三是国际化，国际化的大背景和视野是非常重要的一个方面。

（1）个性化

为了适应学生个性化的问题和独特的成长需求，中心相应的模块都是需要定制的。不同的时间节点采取不同的措施。为同学提供一对一的咨询，不仅可以在网上预约，还有答疑辅导。所有的资源加在一起形成了针对学习适应不良的学生的非常完整的解决方案，全方位地支持学生成长。

（2）专业化

如此大量的专业化工作一定是以专业团队做支持的。清华的学习发展中心一直走小而精的专业化的发展道路，中心有 4 位专职咨询师，26 位兼职咨询师，还有大量的学生志愿者团队。同时，学校还提供了专业的工具，帮助学生学习基础课程，研究大学学习方法、可迁移学习能力，进行学习动力与学业规划。

（3）国际化

学校支持学生走出去，希望能在本科就读期间达到 50% 的交流率，使清华的学生具备全球胜任力。学业与发展支持中心也特别策划了许多海外研修项目。

2. 电子科技大学

电子科技大学学生发展指导中心主要围绕学校人才培养的定位，根据学生的需求，本着交流、分享、成长、改变的工作理念，明确了三大工作领域，分别是学业指导、留学指导、写作指导。

（1）学业指导

中心成立了由课程首席教师、朋辈导师组成的联合指导体，以重点课程为载体，每年都开展专门的系列讲座、小班的课程辅导，以及课程答疑、个体咨询。

（2）留学指导

中心充分利用专业的咨询机构，将其引入学校，给学生提供专业的帮扶指导。目前除新东方外还有几个留学指导的专业机构，提供统一的平台供学生免费使用，让电子科技大学的学生享受在成都最好的教育资源、最低的教育投入。与此同时，中心对合作机构也有相关的监督机制。

以国际视野的提升为目标，低年级主要围绕的是“启航”计划，聚焦国际化氛围的营造，提供一些相对通识性资源的讲座与沙龙分享，保证较好地基础氛围；高年级主要设定了“飞跃成电”计划，聚焦留学实力的提升，整个指导全过程匹配了专业化的语言培训课程、个体咨询、线上测评、留学申请服务细节的帮扶指导等。

此外，中心在高低年级还分别聚焦优秀的学生群体和家庭经济困难的学生群体实施留学精英营。对于留学精英营，其目标定位是学生毕业后进入世界排名前50的高校去深造，中心为其配备资源，包括免费到海外交流的机会和具体指导。

（3）写作指导

第三方面是写作能力的指导，聚焦学生“新四会能力”的提升，即听、说、读、写。中心面向就业学生群体、创业学生群体以及学生创业团体，开展核心活动，同时也会对学生的写作能力进行针对性提升。

3. 北京师范大学

学校针对学生学习能力不足、学习行为不积极等问题，成立学业辅导中心，把指导和促进大学生的学业发展作为思想政治教育创新发展和质量提升的重要切入点。学业辅导中心主要工作内容及现状如下。

（1）针对新生开展学业规划和适应辅导

邀请杰出校友讲述其人生经历，各职能部门讲述培养方案，使学生在入学时便能清晰地规划未来。

（2）针对大一学生开展学业规划和适应辅导

开展入学教育、新生交流会，使新生更加快速地融入大学的集体。

（3）针对二三年级学生开展学业创新和实践辅导

创新创业、科技实践，应当是二三年级学生学习的主题之一，中心注重学生各方面能力的培养，开展各类培训班进行指导。

（4）针对毕业生开展学业发展和就业辅导

中心为毕业生开展毕业论文撰写专题讲座、考研经验交流站等活动，为其在人生路上做出的选择加油助力。

（5）学业困难学生“脱困”计划

中心为学习困难的学生开展学习经验交流等互动，为其学习“脱困”助力。

(6) 优秀学生能力提升计划

立足拔尖创新人才培养，打造卓越训练营品牌。中心提供途径，挖掘朋辈资源，邀请优秀学生、校友前来举办讲座，分享他们的经验。

(7) 强化培训交流，打造一支高水平学业辅导队伍

学业辅导中心充分调动校内外优质资源，组织形式多样、实用性强的学业辅导培训交流活动，着力加强学业辅导工作队伍建设，为学业辅导工作的推进提供组织保障。

4. 南京邮电大学

南京邮电大学成立了本科生学业指导中心。该学业指导中心贯彻“以学生为中心”的教育理念，广泛开展学业指导、咨询和支持服务工作，帮助学生建立学习目标、制定学业规划、掌握学习方法、提升学习技能、接受学业指导、解答学习疑惑、交流学习心得、分享学习资源、树立正确学习观念、营造良好学习风气，全面支持学生学业发展，促进学生自我成长和全面发展。

目前南京邮电大学学业指导中心主要开展的工作有：“紫金大讲堂”、学业指导咨询会、学业指导中心网站、新生学业政策宣讲会、学情分析、学业帮扶等。南京邮电大学利用学校的各类资源邀请成功企业家到学校讲学，分享人生经历和奋斗历程，开阔学生视野，激发学生的学习主动性；针对学生的困惑，以咨询会的形式开展学业宣讲；在学业指导网站上发布各类活动通知，在线解答学生的疑惑，提供视频、文章等大量资源；以学业政策宣讲会的形式让学生有机会与领导、管理人员、指导人员、教师面对面交流；对学生成绩进行客观的学业评价，对教学、自我反思都有很好的借鉴作用；制定帮扶计划，个性化管理学业困难学生，帮助学生在大学四年里能顺利走出学业困境。这些工作方方面面都体现了南京邮电大学十分重视对学生的学业指导工作，关注学生

的发展。

在南京邮电大学学业指导中心网站中（网址：http：//xyzd. njupt. edu. cn/ ）我们也可以发现有非常丰富的内容。

（1）大学规划

针对不同学生人群有不同的文章加以疏导，有针对刚刚升学的大一新生的《大一新生职业规划齐步走》《大学新生如何做好学业规划》《李开复致信大学生：大学四年应这样度过》《北大王登峰教授对大一新生说》等；有针对创业的大学生的《大学生创业要防五个风险》《5 大因素注定大学生创业成败的关键》等；有针对考研的大学生的《如何选择优质考研辅导书》《考研是一场计划战》《研究生考试复试四个切入点，让考生完美逆袭》等；有针对出国留学的大学生的《申请美国大学：如何获得好推荐信》《留学海外：奖学金那些事儿》等；还有各类心灵鸡汤《大学，“练心”很重要》《丁磊：大学四年找到你自己》等。

（2）学习指导

学习指导主要是关于学习方法和技巧的指导。掌握大学学习方法、如何做好听课笔记、如何提高大学学习效率、如何自主学习、如何进行时间管理都有相对应的内容，学生可以根据自己的需求加以选择。

（3）课程辅导

课程辅导主要是针对具体课程的指导。有关于数学的《线性代数学习总结》《线性代数的复习方法与技巧》《如何学好概率论》《概率论——从随机现象说起》等；有关于英语的《英语四级六级听力备考建议》《如何提高英语阅读水平》等；有关于物理的《如何学好大学物理》《大学物理学习总结》等。

（4）名师讲堂

名师讲堂中既有南京邮电大学各大教学名师的简介信息，又有李开复、钱理群、龚晓波等名师的相关链接，给学生全方位的帮助。

（5）办事指南

办事指南中详细提供了《教学管理方面常见问题解答简表》，表中列出了学生常见问题及解答办法，供各学院、学生解决疑问时参考。另外，针对不同的类别提出了有针对性的相关链接。学籍专栏里有转专业、休学、新生学籍注册、退学、复学、毕业资格与学位授予审核等工作流程；选课专栏里有网上选课、提前修读课程、补修课程等办理流程；考试专栏里有违纪、作弊学生认定流程和缓考申请流程；成绩专栏里有成绩复核、出国用中英文成绩单等办理流程；教材专栏里有教材代办、网选教材、教材评价等工作流程；实践专栏里有生产实习、认识实习、毕业设计等工作流程。除了具体的告知流程外，也提供了一些相关的常用表格供学生下载。

（6）紫金大讲堂

网站中有详细的活动预告、活动视频、活动报道和活动心得。学生可以在得知活动预告后亲临现场，在时间不允许的情况下也可观看网上的活动视频，阅读活动报道和活动心得。另外，网站上专门设置了一个区域开展“有问必答”活动。学生在产生疑惑后可以在线寻求帮助，避免了部分内向学生不善于面对面咨询的问题，并且让学生随时随地都能寻求帮助，实实在在解决问题。

3 校院两级协同的学业与发展支持体系

3.1 校院两级协同的学业与发展支持体系框架

随着国家和经济社会对创新型高素质人才的需求愈来愈大，加上信

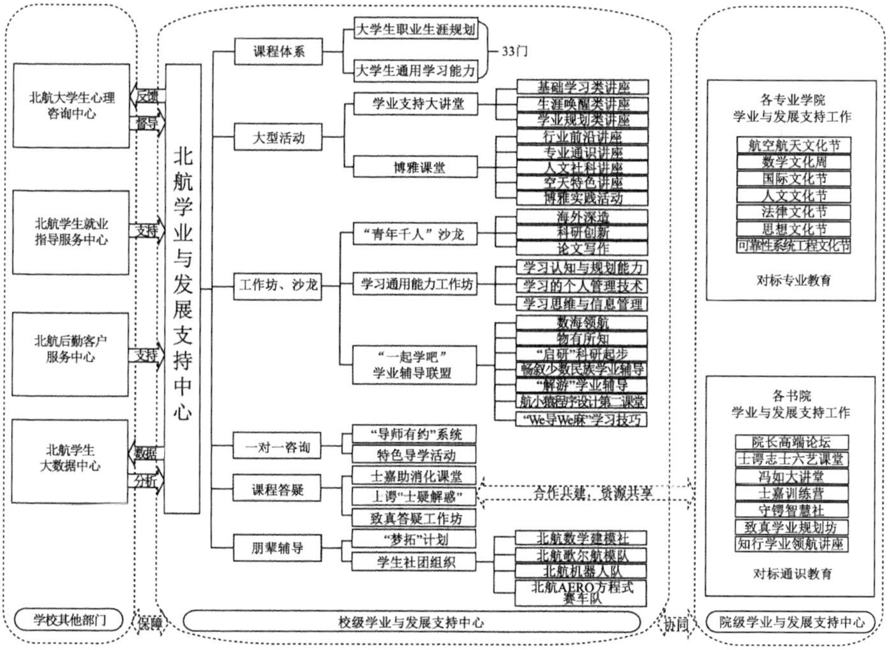

图 3－1　校院两级协同的学业与发展支持体系框架图

息化时代对传统教育模式的冲击，新时代人才培养也呈现出以人为本的特点，尊重个性化差异，探索精英化培养，打造全方位育人格局。一流的学生、一流的资源和一流的人才培养体系成为一流大学的重要组成部分。因此，在双一流建设的背景下，一流的人才培养体系成为体现高校办学水平、衡量人才培养质量的重要指标。而教与学是一流人才培养体系必不可少的两方面，二者深度融合，相辅相成，共同作用于高校人才培养过程。“教”主要由任课教师通过标准课程讲授的形式完成，形式相对单一，内容相对固定；而“学”则比较复杂，由学生个人学习能力和各种学业与发展支持活动共同作用。所以，构建一种高效的学业与发展支持体系，全面服务于学生学习过程对于提升人才培养质量至关重要。

总体而言，学生的学习能力是由学习态度、学习方法和学习效果三方面组成，而学业与发展支持体系的构建则以提升大学生学习能力为目标，统筹学校、学院各类资源，加以系统设计和规划，全面服务和引导大学生学习能力提升，为学生通用学习能力、专业学习能力的培养提供帮助，形成“爱学习、会学习、学习好”的优良学风。

基于校院两级协同的大学生学业与发展支持体系，以学生学习为核心，统筹学校学业与发展支持资源，系统设计与规划，形成校级学业与发展支持中心、院级学业与发展支持中心以及学校管理服务部门协同的大学生学业与发展支持工作格局，为端正学生学习态度、锻炼学生学习方法、提高学生学习效果、养成“爱学习、会学习、学习好”的优良学风奠定了基础。如图 3 -1 所示，本章以北京航空航天大学的学业与发展支持工作实践为例，系统阐述基于校院两级协调的大学生学业与发展支持体系。

3.2 校级学业与发展支持工作内容

3.2.1 校级学业与发展支持中心工作内容

校级学业支持体系，对标清华大学模式，重在专业化、职业化，着力解决难点，充分利用校内外资源，提高学业支持能力和自身研究能力，站在学校的角度，参与学校人才培养改革，为书院一级的学业支持中心建设提供视野、政策、分享、培训、考核，引领学校的人才培养改革和书院学业支持体系的建设。

3.2.2 学校服务部门学业与发展支持工作内容

学校与大学生学业与发展支持工作相关的管理服务部门主要有大学生心理咨询中心、学生就业指导服务中心、后勤客户服务中心、学生大数据中心等。大学生心理咨询中心主要解决由学业与发展问题产生的心理问题，帮助大学生培养积极健康的心态，培养良好的学习态度；学生就业指导服务中心主要解决学生升学就业和职业规划的困惑，帮助大学生早日开展职业生涯规划，树立远大的学习目标；后勤客户服务中心主要帮助解决学生学习生活中的服务问题，帮助大学生解决学习生活中遇到的设施保障问题，培养良好的学习习惯；学生大数据中心主要开展学业数据分析，帮助学业与发展支持中心开展工作决策。

3.3 院级学业与发展支持工作内容

3.3.1 北航学院各书院学业与发展支持工作内容

北航院级学业与发展支持中心建设紧紧围绕北航“大类招生、大类培养、通识教育”的人才培养改革工作，分为书院学业与发展支持中心和各专业学院学业与发展支持中心。书院学业与发展支持中心对标通识教育，各书院紧贴学生学习发展需求，开设了院长高端论坛、士谔志士六艺课堂、冯如大讲堂、士嘉训练营、守锷智慧社、致真学业规划坊、知行学业领航讲座等一系列通识课程和学业品牌活动。

3.3.2 北航学院对应各专业学院学业与发展支持工作内容

专业学院学业与发展支持中心对标专业教育，各专业学院从学院文化特色出发，举办了航空航天文化节、数学文化节、国际文化节、人文文化节、法律文化节、思想文化节、可靠性系统工程文化节等特色品牌活动，并着重加强以《生产实习》课程建设为代表的专业实践环节，成为理论课程教学环节的重要补充。院级学业与发展支持中心将学业与发展支持工作与学院和书院的文化特色结合起来，服务于北航低年级通识教育和高年级专业教育的开展。

3.3.3 北航学院与各专业学院学业与发展支持工作协同机制

北航学院与各专业学院学业与发展支持工作都在“通专结合”的北航大类培养体系下运行，以专业选择工作为重要的联系纽带和协同平台，目标都是为北航“通专结合”的创新型人才培养服务。

3.4 校院两级学业与发展支持工作协同机制

基于校院两级协同的大学生学业与发展支持体系是一个有机系统。根据学业与支持发展工作，以促进学生成长成才为中心目标，将支持学业发展工作所涉及的各个部门的育人要素都融进系统的设计环节，建立校院两级管理的有机整体。并进一步明确校院两级在学业支持与发展方面的责任与义务，使校院两级职责明确、权责统一、各司其职，运转高效。目前，校院两级有机系统以校级学业与发展支持中心为核心，辅以学校相关管理服务部门的保障。比如，学校心理咨询中心和就业指导中心为学业与发展支持中心提供心理咨询和职业规划的工作保障；学校后勤保障中心为学业与发展支持中心提供场地设施的条件保障；学生大数据中心则为学业与发展支持中心提供工作决策的信息保障。

另外，一个系统的运行关键还在于其内在机制。各机制的协同联动是校院两级学业与发展支持工作的重要基石，在机制运作中，充分发挥各部门的自身优势，从而更好地为学业与发展工作服务。协同机制更多体现在校院两级学业与发展支持中心的工作开展上。一方面，校级学业与发展支持中心可以为院级学业与发展支持中心提供培训指导和宣传平台；另一方面，院级学业与发展支持中心可以帮助校级学业与发展支持中心落实工作和组织活动，二者相辅相成，互为补充。为了推动基于校院两级协同的大学生学业与发展支持体系的有效运行，学校定期召开学业与发展支持工作研讨会和学业与发展支持工作联席会，通过会议制度加强各工作单位的沟通与协调，合力推动学业与发展支持工作。目前，学业支持与发展中心在校学生工作部领导的支持下，调研学生常见的学业困惑，汇集校内外支持资源，依托一对一咨询、团体辅导、讲座报告、主题沙龙、朋辈辅导、在线直播等多种学业支持形式，特别关注对低年级本科生、存在学业困难或有特殊需求的学生群体的个性化、专业化服务，构建全程化、信息化的学业指导与发展支持流程，推进思想政治工作与教学工作融合、思想引领与成长服务融合、学校层面与学院层面融合，打造合作共享式、交流研讨式、互动体验式学习共同体。中心营造“学在北航”的学习氛围与文化，与书院、学院的学业辅导工作全面对接，同时与学校积极心理体验中心、学生大数据中心、后勤等多部门协同合作，系统构建学生学业与发展支持体系，初步形成“社校院生”（社会社区、学校、学院书院、学生群体）多级联动的工作机制和“大思政”工作格局。

4 校级学业与发展
支持中心建设与实践

4.1 校级学业与发展支持中心建设目标

校级学业与发展支持中心，重在专业化、职业化，着力解决难点，充分利用校内外资源，提高学业支持能力和自身研究能力，站在学校的角度，参与学校人才培养改革，为书院一级学业支持中心的建设提供视野、政策、分享、培训、考核，引领学校人才培养改革，带动院级学业支持中心的建设。

4.2 校级学业与发展支持中心建设方案

为深入学习贯彻习近平新时代中国特色社会主义思想和党的十九大精神，全面贯彻落实全国教育大会和全国高校思想政治工作会议精神，进一步推动落实教育部《高校思想政治工作质量提升工程实施纲要》与北京市教工委《关于全面推进北京高校学业辅导工作的意见》等文件要求，北航学业与发展支持中心（简称“中心”）围绕“立德树人”的中心环节，传承北航优良学风的红色基因，借鉴世界一流大学先进经验，构建“社校院生”多位一体的学业辅导与发展支持体系，旨在为培养

"具有高度的国家使命感和社会责任感、理想高远、学识一流、胸怀寰宇、致真唯实"的领军领导人才作出支持和贡献。

一年以来，在北航全面推行大类招生培养、书院制等人才培养模式改革创新的背景下，中心充分调研学生在学业发展、学习方式等方面的主客观需求，围绕学生在学习中面临的"课程任务重""学业压力大""时间安排不佳""学习动力不足"等挑战与问题，统筹教学名师、"青年千人"辅导员、校友导师、海外导师、"梦拓"朋辈等资源，提供个体咨询、团体指导、在线互动等多样化支持服务；打造了"导师有约"、4D领导力训练营、"学在北航"直播平台、养成高效习惯的"160计划"、高校联合学习打卡等品牌项目，开设了《大学生通用学习能力》《青年思享进阶》《本科生学业规划》等通识课程。学校于去年入选首批北京高校学业辅导示范中心，并与全球学业辅导联盟（The Global Community for Academic Advising）开展合作交流，着力提升专业化、职业化、国际化水准，始终将学业辅导与发展支持工作贯穿人才培养的全过程。

根据《北京高校学业辅导示范中心建设标准（试行）》的具体要求，中心的自评报告将从体制机制建设、专业化队伍建设、辅导内容与活动体系建设、专项工作开展、工作条件建设、工作成效情况六个方面进行梳理总结。

4.2.1 体制机制建设

1. 领导体制

北航学业与发展支持中心挂靠北航学生工作部，立足学生学习和发展的第一线服务，遵循"六个下功夫"的人才培养理念，强化道德引领，助力学生成长为德智体美劳全面发展的社会主义建设者和接班人。

学校高度重视中心建设与发展，由校党委副书记李军锋担任中心主任，学生工作部部长董卓宁、教务处处长王祖林、北航学院常务副院长曹庆华分别担任中心执行主任。2017 年学校领导召开中心的组织机构编制会 1 次，召开全校暑期工作会专项工作研讨 1 次，在 2018 年听取中心预算和工作计划汇报 1 次。

中心以“立德树人”为根本目标，汇集统筹校内外资源，通过开展一般通识课程、个体咨询、团体辅导和朋辈辅导等多元化的工作与服务，实施个性化、全程化、信息化的学业与发展支持流程，推进思政工作与教学工作融合、思想引领与成长服务融合、学校层面与学院层面融合，打造合作共享式、交流研讨式、互动体验式学习共同体。

中心下设管理服务办公室、个体辅导（咨询）部、团体辅导部、学业辅导研究实验室中心，配备专职工作人员，2018 年引进博士后人才 1 名；聘请国内外学业指导专家、北航一线教学科研教师及团队、“青年千人”辅导员、校友等担任中心的学业发展导师，同时安排学生处、学院（书院）专兼职辅导员全面参与中心工作。

2. 工作机制

中心打造多维度、多层次、个性化的学业辅导项目，营造良好学业辅导氛围，形成北航特色学业辅导文化，与书院、学院的学业辅导工作全面对接，汇集校内外、书院、学院的学业辅导资源与平台，长效开展日常辅导工作和学业支持特色活动（见图 4－1）。同时，中心还与校心理咨询中心、学生大数据中心、后勤等多部门协同合作，系统地构建北航学生学业与发展支持体系，初步形成“社校院生”（社会社区、学校、学院书院、学生群体）多级联动的工作机制和“大思政”的工作格局。

2018 年，北航学院各书院分别成立了士谔书院“士毅”学业支持中心、冯如书院学生学业支持中心、守锷书院学业发展中心、知行书院学业与发展支持中心、士嘉书院学业与发展支持中心、致真书院学业发展指导中心，实现低年级本科生二级单位学业辅导的全覆盖。同时，北航各专业学院的学习平台，如数学学院的“数海领航”先锋服务站、材

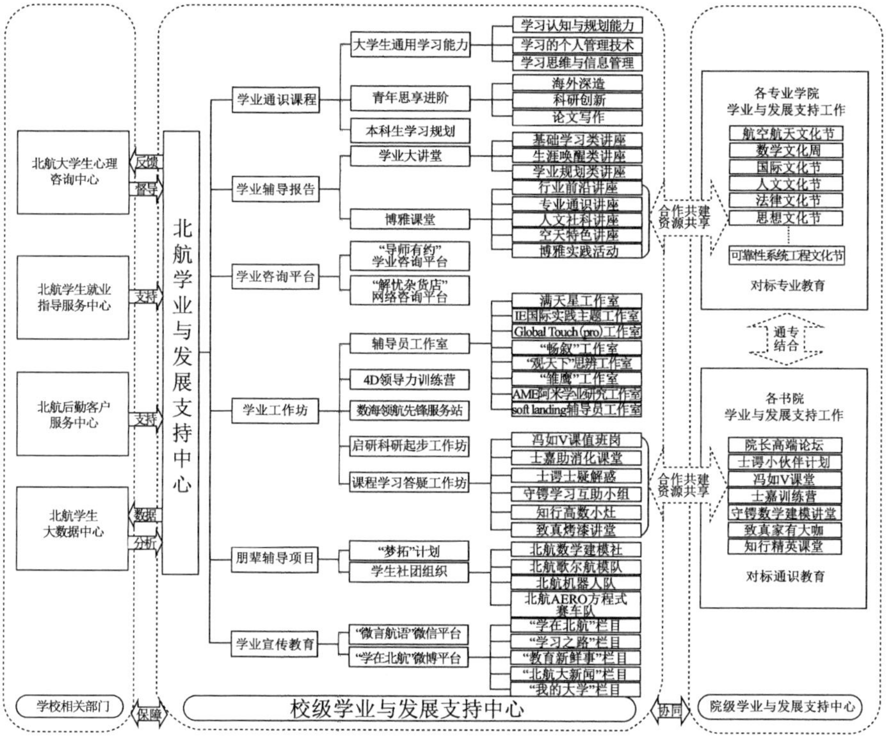

图 4－1　中心日常学业辅导工作机制

料学院的“启研”科研起步项目等，以及与学业和发展辅导主题相关的8个辅导员工作室面向全体学生开展具体的学业帮扶和发展辅导活动。此外在原有的传统班级模式下，从2014年起全面推行北航“梦拓”计划朋辈辅导，着重解决一年级新生适应性问题，实现朋辈辅导工作的全面覆盖。

3. 工作制度

中心针对学业辅导规范管理、学业咨询工作流程、学业辅导课程建设、学业辅导队伍建设等方面，制定了《北京航空航天大学学业与发展支持中心建设方案》《学业发展支持中心人员选聘及管理制度方案》《北京航空航天大学学业与发展支持中心辅导与咨询工作流程》等具体工作方案；制定2018年度工作计划，并按校历形成工作周例，建立两周一次中心工作会议和每月一次校院二级学业辅导工作联席会议的机制。同时，中心制定了专兼职教师和学生朋辈从事学业辅导与咨询工作的考核制度与绩效方案，实施《学业与发展支持中心朋辈辅导师考核标准》，按月核对工作量并发放劳务。

与此同时，书院、学院根据所在二级单位的具体情况，围绕学业辅导规范管理、学业危机预防与干预等方面制定了《士嘉书院学业支持中心建设方案》《北航致真书院学生学业预警工作办法》《冯如书院学生学业预警工作方案（2018）》等7项工作方案和管理制度，逐步建立了系统全面的规章制度。

4.2.2 专业化队伍建设

1. 队伍配备

中心在学业辅导队伍建设中凝聚北航力量，凝练北航特色，构建了一线辅导员、“青年千人”辅导员、专业教师、校友导师、朋辈辅导师五位一体的全员育人辅导机制，保证在学生学习与成长发展的全过程中始终提供专业化队伍保障。为培养一批“具有高度国家使命感和社会责任感，理想高远、学识一流、胸怀寰宇、致真唯实的领军领导人才”提供坚实的保障。

2018年，中心聘请了15名热爱学生工作、具备高度责任意识和奉献精神的党员“青年千人”教师担任兼职辅导员，邀请了校友导师、一线科研教学名师等60余位教师担任中心的学业发展导师，选拔了40余名辅导员参与学校学业指导工作，打通了辅导员专业化发展渠道，选聘了学习优异、责任心强的33位学生朋辈辅导师，形成了社会社区、学校（校际）、书院学院、学生群团（班级社团）四级联动的学业辅导队伍体系。

同年，学校成立了满天星工作室、砺航学生党建工作室、IE国际实践主题工作室、Global Touch（pro）工作室、“畅叙”工作室、“观天下”

思辨工作室、针对经济困难生群体积极心理构建的健心辅导员工作室、“雏鹰”工作室、AME 阿米学业研究工作室、Soft landing 辅导员工作室、“导导思厨”工作室共 11 个工作室。其中，8 个工作室与学业和发展辅导工作紧密相关并与中心联合建立日常学业辅导机制，由中心督导定期开展学业辅导活动。

此外，中心核心成员在 2018 年加入全球学业指导联盟，申报了“全球学业辅导联盟个体咨询与团体辅导特邀专家督导”“全球学业辅导联盟学业大数据分析特邀专家督导”“全球胜任力培养指导特邀专家督导”等海外专家引智项目，邀请全球学业辅导联盟专家及海外高校学业指导专家定期赴北航学业与发展支持中心指导相关工作，参与学业支持体系的专业化、国际化建设，进一步推动学校学业和发展辅导工作专业化、国际化。

2. 培养培训

中心围绕团队发展与实际工作需求，有规划分层次地开展师资培训工作。在 2018 年新生辅导员上岗培训中，中心创新性地融入学业辅导专题培训模块，并建立 2018 级新生辅导员在线培训交流微信群。中心全年共组织专兼职教师进行学业辅导相关培训 6 次，其中包括自我效能、时间管理、情绪管理等学习适应性教育主题，以及教练技术、4D 领导力、全球胜任力等发展性主题培训。中心选派辅导员参加北京市高等教育学会学业辅导研究分会举办的 2018 年学术年会暨学业辅导国际论坛及 2018 年北京高校辅导员“学业辅导”专题培训班；支持专兼职教师参加 4D 领导力培训和团体辅导培训（GCT）等社会专业培训并取得相关资格证书。

中心组织全年不定期的交流学习活动，积极参加北京高教学会学业辅导研究分会组织的各种学习交流活动，积极向兄弟高校学习经验。2017 年 11 月，中心参加了清华大学学生学习与发展指导中心统筹开展的第一届全国高校学业指导工作研讨会；2018 年 5 月，中心参加了北京市高等教育学会学业辅导研究分会 2018 年学术年会暨学业辅导国际论坛；2018 年 7 月，中心代表学校参加全球学业辅导联盟 2018 年国际会议，并以北航学生学业与发展支持工作的创新和实践为出发点，分别围绕信息化背景下学业与发展支持工作的开展、基于校院两级协同的大学生学业与发展支持体系的构建以及新生适应性教育工作体系的建设等内容，进行了三场主题报告；2018 年春季学期，中心团队成员赴复旦大学、华东师范大学、中山大学等高校，就学业与发展辅导工作的开展进行指导调研；2018 年 11 月，中心组织高校学业与发展辅导工作研讨会，邀请北京市和国内外高校同行进行深入交流。

中心鼓励团队教师积极进行实践调研，总结并形成相关成果。目前中心已编撰《本科生职业规划与就业指导案例集》和《大学生通用学习能力》两本教材，于 2019 年出版发行；中心设计制作了特色文创作品《160 天学业养成计划笔记本》，帮助学生培养良好的学习习惯，已在学生中广泛推广。

4.2.3 辅导内容与活动体系建设

1. 课程设置

中心在 2017—2018 年度研发开设了三门面向全校的一般通识课程：《大学生通用学习能力》《青年思享进阶》《本科生学业规划》；同时，中心将大型学业辅导报告“学业大讲堂”对接进入全校的博雅课程体系。

《大学生通用学习能力》是面向全校本科生开设的一般通识课，课程紧扣北航学生的学习技能特质与需求，以团体辅导的方式，通过主题理论指导和互动交流实践的课程环节，帮助学生认知大学学习的目的态度与方法，加深主动学习的自我认知，学习怎样去学习。在 2017 年秋季学期开放 2 个班次，在引入专职辅导员团队授课之后，在 2018 年春季学期开设 4 个班次，在 2018 年秋季学期开放 6 个班次，每个班次合计

16 个学时，共 1 学分。经过三个学期的课程建设，《大学生通用学习能力》已经愈发成熟，成为备受同学们喜爱的课程。

《青年思享进阶》是面向全校本科生开设的一般通识课，以支持学生学业与发展为中心，由来自 10 个不同学院的具有不同学科背景的 15 位“青年千人”辅导员共同授课。紧紧围绕北航学生专业认知教育、学业生涯规划、学习方法、科研指导、创新实践等需求，以团体辅导的方式，通过“青年千人”辅导员的“定制化”主题理论指导和互动交流实践的课程环节，用温和关爱、潜移默化的方式将正向的价值追求和理想信念有效传递给学生。着力提升思想政治教育的亲和力与实效性，帮助学生适应大学学习，促进学业进步、提升学术水平、找准发展方向，助力学生个性化成长成才。

《本科生学业规划》课程是在大类招生背景下面向一年级新生开设的一般通识课程，引导学生尽快适应大学生涯，并帮助学生通过掌握生涯发展理论正确看待专业方向选择。通过课堂教授、案例讨论和小组研讨，使学生了解个人的生涯是可规划的且应尽早规划实施，帮助学生正确理解职业生涯的概念，了解专业与职业的关系，掌握生涯规划的核心内涵，并能运用测试、评价等方法对自己职业兴趣倾向进行初步分析，为确定专业选择做好理论准备和心理准备，并了解职业生涯获取成功应具备的基本素质和各种能力，为未来职业生涯规划打下基础。

2. 学业咨询

中心建立了“导师有约”学业咨询平台与相关工作机制，并与心理咨询中心联动建立学业咨询的转介机制。2018 年“导师有约”系统聘请 90 余名教授、副教授负责一对一学业咨询，上线当月咨询量破 100 次；2018 年春季学期，个体预约咨询每月约 30 人次。同时通过北航学生处微信公众号“微言航语”设立网络咨询平台“解忧杂货店”，学生可以匿名留言倾诉自己在学习生活中遇到的困难和问题，由专业教师团队负责在线回复。

高等理工学院为促进沙河低年级学生了解和适应学院生活，学院院长书记定期走进沙河校区，开展“院长书记下午茶”活动。2017—2018学年进行活动共10次，涉及主题包括培养计划答疑、专业选择、国际化交流、学术研究、专业指导、人生规划等，实现教学资源最大化利用。

3. 学业危机预防与干预

中心在2018年春季学期开展大学生学习适应情况及学业指导需求调查，包括学习状态评估、学习问题与困难调查、学习行为习惯与学习需求调研三个方面，关注一年级学生“学”的过程，调研学生在大一下学期的学习状态，根据调研反馈的共性问题与需求有的放矢地指导下一步学业指导与学业支持工作，并与各书院的学业支持中心交流研讨和对接资源与工作。

中心依托各学院（书院）建立学业危机信息库，综合分析学生成绩和日常行为表现，依据教学标准开展学业危机排查，实行“统一筛查、二级单位逐个跟踪帮扶、定期反馈”的学业危机信息校院两级双向交流机制。

为帮助学生摆脱学业危机，北航各学院（书院）设立了冯如V课值班岗、士嘉助消化课堂、小伙伴计划、学习互助小组、守锷助学天团、守锷小灶特训营等项目，连同“数海领航”“畅叙”等专业学院学业辅导项目和辅导员工作室，专项帮助学生一对一辅导，通过值班答疑、课堂串讲等方式提升学生学习动力，针对学生个性化问题制定方案，陪伴学生度过学业危机。

4. 发展性辅导

中心高度关注学生的个性化发展：中心选拔优秀朋辈辅导师并开展辅导培训，开展学生干部领导力培训，结合北航“沈元奖章”“五四奖章”“大学生年度人物”等榜样育人活动设计并开展学生参与度高的沙龙交流和直播活动。同时，中心依托各学院（书院）的辅导员工作室，其中有以培养学生国际视野的 Global Touch（pro）工作室，强化优秀少数民族学生培养的“畅叙”工作室和着眼北航荣誉学院建设的“观天下”思辨工作室，致力于整合各学院（书院）优秀资源，加强人才培养，着力开展面向学生的发展性辅导。为培养学生科研兴趣，守锷书院计划组织十余场“守锷英雄帖——科技前沿百家谈”系列杰出青年教师交流活动。

Global Touch（pro）工作室构建国际化人才培养体系。加强国际化人才培养顶层设计，以学分互认和学位互授为突破口，提升学生赴世界一流大学规模化交换和联合培养的比例，拓宽学生国际化视野，提高学生跨文化交流能力，培养具有国际视野的拔尖创新人才。

“畅叙”辅导员工作室主要面向北航少数民族学生，旨在强化少数民族学生思想政治教育和民族团结意识，增进少数民族学生对国家、学校的认同感，解决少数民族学生在学习、成长过程中遇到的普遍问题，实现少数民族学生培养目标。

“观天下”思辨工作室倡导学生进行思辨研修，提高思政教育中学生的主观能动性，使学生理解和接受马克思主义世界观和方法论，获得自觉用理论指导实践、应用辩证法认识和解决实际问题的能力。近一年来，学生（尤其是党员和积极分子）积极参与思辨工作室，邀请思政教师参与讨论指导，共举办思辨论坛 5 次，涵盖党建、传播学、教育学等多方面话题，激发学生胸怀寰宇的视野与情怀。

健心工作坊主要面向经济困难学生群体，针对经困生普遍存在的自信心不足、内心敏感脆弱、心理问题高发等现状，以团体辅导、个体咨询、榜样带动、强身健心、大数据分析等方法和手段，帮助经济困难学生群体开展积极心理体验活动，提升自信，从而构建健康积极心理状态，实现对经困生的内涵式帮扶。

除此之外，由中心和专业学院指导的歌尔航模队、学建模社、数学竞赛联盟等学生社团和学生组织，聚焦优秀学生群体的发展性学业辅导工作，取得了骄人的成绩。其中，在 2018 年 CADC 国际比赛中，北航歌尔航模队包揽个人成绩前三名，团体成绩第一名；在 2017 年全国大学生数学竞赛中，63 名同学获得了一等奖，88 名同学获得了二等奖，78 名同学获得了三等奖，在北京赛区一等奖获奖人数以绝对优势保持第一；在 2018 年美国大学生数学建模大赛中，北航代表队获得特等奖一项和特等奖提名一项。

5. 朋辈辅导

中心在工作机制的设计环节特别关注以学生为主体的“学”的过程，通过开展朋辈辅导来激发更多学生自主学习、积极学习的行动。朋辈辅导坚持以学生为本，强调示范作用、带动作用、引导作用与自我提升，互相促进、共同进步，充分发挥朋辈间心理特点相似、思维方式相通的特质。

中心在建设初期就十分重视朋辈教育的优势，集结如在计算机、数学、英语等基础学科和控制课程、机械设计、力学、法学等特色学科成绩优异以及社会工作能力、课外实践能力、创新拓展能力等综合素质突出的在校学生，组建了朋辈辅导师团队，以线下答疑、线上直播的形式，每周定期面向全体学生开展 10 次以上的知识串讲和答疑。

在学业辅导之外，中心同样着力于新生的适应性成长问题，拓展和创新了传统的导生模式，实施“梦拓”朋辈辅导计划，由高年级学生担任一年级新生的“梦拓”，着重解决新生入校第一学年的适应性问题，着力构建了朋辈辅导、学学相长 S2S（Student to Student）工作模式，培养新生良好的学习生活习惯，为新生的自主发展打好基础。2018 年发布了《关于选拔 2018 级新生“梦拓”的通知》，明确了 2018 级新生“梦拓”计划的工作安排和选拔标准；结合大类招生书院制培养的新需求，完善“梦拓”计划工作模式，从“梦拓”岗前培训入手，探索培养有情怀、有能力的“梦拓”小组；从 2017 级本科生中选拔 729 人作为新生“梦拓”，与 3906 名新生完成对接工作；试点开展“梦拓 PLUS”计划，借助优质校友资源，探索丰富“新生 + 梦拓 + 校友”的活动形式，优化“梦拓”资源配置。

此外，各书院学业中心广泛开展结合书院特色和需求的朋辈辅导项目以及“小伙伴计划”，如知行书院的“学在知行”、致真书院的“学业小伙伴”、守锷书院的“我要背单词”、冯如书院的冯如 V 课值班岗、士嘉书院的“助消化课堂”、士谔书院的“士疑解惑”等。

冯如书院依托线下的冯如 V 课堂及线上冯小如在线答疑平台，组织高年级“梦拓”和同年级学有余力的同学，积极开展朋辈辅导，为同学们搭建相互帮助、共同进步的平台，定时定点的线下面对面答疑和随时随地的线上点对点答疑互相补充，实现了无死角解决问题，助力了同学们学习能力的提高，提升了学业水平。累计开展冯如 V 课堂串讲 20 余次，冯如 V 课值班岗 2000 余小时。

结合低年级本科生大类招生书院制培养情况，各书院加强社区育人工作，守锷书院打造“守锷英雄帖——优秀学长进社区”系列朋辈榜样交流活动 20 余次。

6. 宣传教育

中心依托学生处官方微信公众号“微言航语”平台，建设专题板块，更新宣传各类学业辅导类教育，开展各类具有北航特色的发展支持类活动。

2018 年中心创建微博账号，自运营以来共更新 300 余条博文，分设“学在北航”“学习之路”“教育新鲜事”“北航大新闻”“我的大学”5 个栏目，致力于满足学生需求、关注学生发展、解决学生问题，运用新媒体技术推动学业与发展工作同信息技术的高度结合，增强了时代感和吸引力。微博总阅读量达 38.3 万人次；其中“学在北航”超级话题的总阅读量达到 20.9 万人次；原创发布学业辅导直播 146 次，累计观看量达 14.5 万人次。

7. 辅导活动

中心联合各学院（书院）每年开展不同主题的学风建设活动，如数海领航、航宇学堂、英语文化节、数学文化周、法律文化节等主题宣传教育活动，通过精彩多样的文化活动，营造良好学风。

由中心牵头，二级学院（书院）的学业辅导中心结合自身特色和学生需求，有针对性地开展学业辅导活动，有效激发学生兴趣，切实解决学生问题，形成品牌项目建设与学业辅导工作的长效机制。例如，致真书院的家有大咖、烤漆讲堂；士嘉书院的助消化课堂、士嘉训练营；冯如书院的冯如V课堂和冯如V课值班岗；士谔书院的“士疑解惑”、小伙伴计划；守锷书院的数学建模讲堂、学习互助小组、助学天团；知行书院的高数小灶与Python串讲、知行精英课堂等。

4.2.4 专项工作开展

1. 主办培训

中心制定年度校内人员培训计划，开展新上岗辅导员专项培训一次，中心全体专兼职导师业务培训一次。2018年，中心邀请清华大学学习指导中心副主任詹逸思老师为辅导员带来主题为“如何开启新生学习适应辅导——以‘如何适应大学学习’新生讲座为例”的培训；邀请加拿大约克大学的Marilyn Lambert-Drache教授带来“学术成功与全球胜任力”辅导员沙龙培训。

中心于2018年11月在京举办高校积极心理健康教育高峰论坛暨高校学业与发展辅导工作研讨会，邀请全国高校学业辅导中心、北京高校学业辅导示中心负责人及老师共计34人，就“积极心理健康教育视野下的高校学生学业与发展支持话题”进行交流研讨。

2. 课题研究

2017年，学校“大学生思政教育研究课题库”设立22项学业辅导专项课题，支持经费32万元。2018年完成了《学业支持路径研究——完全学分制背景下大学生学业支持课程建设》《书院制下基础课程学业支持体系的构建与研究》等20项课题。此外，2018年完成《完全学分制下发展性学业辅导的实践与研究》和《工科博士生科研动力问题与对策研究》两项北京高校思想政治工作研究支持课题。

3. 学术活动

2018年5月，中心团队成员前往北京工业大学参加了北京市高等教育学会学业辅导研究分会2018年学术年会暨学业辅导国际论坛。

2018年7月16日至19日，全球学业辅导联盟2018年国际会议在爱尔兰都柏林大学举办，来自美国、加拿大、中国等20多个国家的300多名从事学业辅导工作的高校学者和行业机构代表参会进行交流。会上，中心团队以北航学生学业与发展支持工作的创新和实践为出发点，分别围绕信息化背景下学业与发展支持工作的开展、基于校院两级协同的大学生学业与发展支持体系的构建以及新生适应性教育工作体系的建设等内容，进行了三场主题报告。

4.2.5 工作条件建设

1. 经费投入

2018年，中心得到北京高校学业辅导示范中心经费20万元，学校设立专项“学业与发展支持中心经费”50万，同时在“中央高校建设世界一流大学（学科）和特色发展引导专项资金”“中央高校教育教学改革专项资金”等经费中划拨学业与发展支持工作经费180万元，支持中心建设“北航学业与发展支持中心”微博、“导师有约”等信息化网络平台和“北航学业与发展支持中心”直播平台；进一步优化完善导学交流的场所，加强中心功能设施建设；开展技能培训、课题研究，进一步提升工作团队的专业化水平；开展“梦拓”计划、香港交流、朋辈答疑等丰富多彩的朋辈辅导活动；加强师资投入，邀请全球学业辅导联盟专家、“青年千人”开展导学活动。

2. 场地设施

2018 年，面向大类培养模式，结合新时期学生特点和需求，中心在原有办公、导学交流场地基础上，通过更换场地类型、调整场地布局、细化场地管理等方式进一步优化场地资源使用模式，与心理咨询中心联合在沙河校区大学生活动中心改装预约等候、个体辅导、团体辅导、场景模拟等辅导活动场地 360 平方米；完善二级学业辅导室，各学院（书院）建有导学交流场地 35 处，在沙河校区宿舍学生一公寓自习区改建 200 平方米多功能导学交流空间，实现个体辅导进书院，在书院活动室中试点增设一对一导学交流区，建设导学交流场地 1510 平方米。2019 年，随着学院路校区北区宿舍学生活动中心启用，导学交流场地进一步丰富完善。

3. 图书资料

中心定期购置学业辅导、领导力提升、学习能力相关的图书千余册，与学校图书馆联合开展“真人图书馆”和“两领思厨”活动，由学术大咖、“青年千人”辅导员向学生推荐读物，设置学业发展图书资料室，并支持各二级学业与发展支持中心购买书籍，在各学院（书院）导学交流空间设置图书角。

4.2.6 工作成效情况

1. 辅导效果

通过危机预警分析、导师串讲、朋辈答疑、“梦拓”助学等院校两级的多种学业辅导形式，在学业预警学生中，有 36% 的同学学习成绩得到了进步和提升，22% 的学生解除了学业预警危机；非定向毕业生国内上研率始终保持在 50% 以上；出国率保持在 20% 以上；总体升学率保持在 70% 以上。中心开展的各项活动为学生带来切实帮助，得到一致好评。以《大学生通用学习能力》课程为例，在课后进行的课程评估调查问卷中，学生满意度评分达到了 8.65（满分 10 分）。

同时，各二级单位的学业辅导工作在学生参与率、满意率和学习绩效方面也取得了显著成效。

冯如书院严格落实学业预警，制定了详细的《冯如书院学生学业预警工作方案》，设立三级预警机制，根据学生学业状态情况，开展包括书面预警、当面预警、约谈家长等在内的多级预警手段，累计进行学业预警 173 人次，约谈家长 20 余次，依靠学业预警早发现早行动，最终实现全体学生大一学年零退学。

冯如书院严格落实学业成绩分析制度，设计成绩分析标准化模板表格，每次考试后及时进行书院学生总体成绩分析，了解学生的成绩动态，把握学生成绩规律，及时纠正存在的学风不良问题。

守锷书院"学习互助小组"项目共 284 名同学组成 78 个学习互助小组，累计打卡 7742 次，参加项目的同学大类排名平均提升 32.55 名。参加守锷书院"我要背单词"活动的 319 名同学累计打卡 1.59 万次，期末考试英语成绩显著高于书院平均水平。

中心从本校的学生培养方案和课程要求出发，有针对性地开展课程名师串讲和朋辈答疑活动，并在"北航学业与发展支持中心"微博进行同步直播，将学业辅导活动融入"梦拓"计划和博雅课程体系中。"梦拓"计划和博雅课程已对在校本科生完成了全覆盖。其中，2017 学年共选聘"梦拓"748 人，开展"梦拓"小组活动 1912 次；2018 学年共选聘"梦拓"729 人，开展"梦拓"小组活动 1130 次。2017 年 9 月至 2019 年 7 月，博雅课程共进行 731 次，累计 10.8 万人次参加。

守锷书院邀请各学科权威教师做客"守锷名师讲堂"，定期串讲知识点，帮助学生实现知识体系的系统化。"守锷助学天团"的"学霸"每周 5 天在书院导学空间排班轮值，隔周进行串讲答疑。"守锷数学建模讲堂”已经连续组织两个学期，获得了学生的一致好评，学员自愿报名，规模由第一期的 85 人扩大至第二期的 201 人。2018 年秋季，学生自发组建成立了“守锷数学建模协会”，进一步提升了守锷书院数学建模竞赛水平。

高等理工学院在 2017 级春季学期改革“学科前沿讲座”课程，旨在指导学生理性选择专业，参与课程人数 209 人，举办讲座 4 次，专业导师面对面 11 次，专业实验室参观实践 8 次，专业学哥（学姐）面对面 11 次，面向学院涵盖全校 12 个理工科学院。课程参加后，学生对专业选择的清晰度提高了 70%；大一学年结束分专业第一志愿满足率达 93.8%，相比往年提高了 34%。

2. 示范引领

中心致力于构建北航特色的学业与发展支持系统，聚焦“六个下功夫”，关注学生学习过程，创建具有北航特色的学业辅导“空间站”。

中心创新性地建立了聘任“青年千人”等高端人才担任教师兼职辅导员的长效机制，发挥青年教师和科研工作者在学术科研探索、个人成长成才经历、爱国情怀等方面对学生的指导和价值引领作用，构建理想信念教育与专业人才培养交叉融合的《青年思享进阶》通识课程；引导学生刻苦学习，帮助学生掌握学习技能，鼓励学生合理自我“增负”，构建《大学生通用学习能力》通识课程；打破传统班级模式，实现跨专业组队，联合校友建立互动的“梦拓”计划朋辈辅导模式；打造移动直播平台新模式，实现“零时差、零距离”的专属学业辅导。以具体的学业辅导工作为抓手，进一步提升学校思想政治教育的亲和力与实效性，增进师生互动，激发学院书院、学生个体的学习动力，形成具有北航特色的学习型亚文化系统，满足学生的需求和期待。

此外值得一提的是，2017 年中心举办的首届学业与发展支持工作研讨会暨学业与发展支持中心启动仪式、2018 年中心承办的团中央全国学联主席团领导力培训活动以及参加的第五届海峡两岸暨港澳地区高校现代书院制教育论坛活动，分别被海外网《人民日报》（海外版）官方网站、光明网等主流媒体报道。

3. 交流合作

中心积极开展京内外高校的合作与交流，2018 年接待了山东大学、上海大学、大连海事大学等高校来校开展学业辅导工作专项调研；中心团队成员前往华东师范大学、复旦大学、中山大学等高校进行深入交流；同时，北航冯如书院与华东师范大学孟宪承书院、澳门大学蔡继友书院在学业与发展工作上建立了良好的协同联动关系。

同时，北航学业与发展支持中心还注重国际视野的培养和交流活动，积极参与国际学业辅导交流活动，于 2018 年 7 月 16 日赴都柏林参加了全球学业辅导联盟举办的 2018 年国际会议，并进一步与全球学业辅导联盟开展专家引智等合作项目。

综上所述，中心在北京市教工委、学校党委的大力领导与支持下，始终围绕“立德树人”的中心环节，始终坚持“扎根中国大地的世界一流大学”的战略目标，遵循“六个下功夫”的培养理念，在体制机制建设、专业化队伍建设、辅导内容与活动体系建设、专项工作开展、工作条件建设、工作成效等方面务实有效地开展了具有北航特色的学业辅导工作。当然，由于中心成立时间短，在办公场地、人员编制、队伍建设、数据研究和信息平台建设等方面还存在较大的差距与困难挑战。但是，中心有信心在未来的三至五年内继续建设 3 ~ 5 项精品课程和项目，努力打造一支专业化、国际化的学业辅导工作队伍；继续创新日常服务和机制，完善对新生、学业困难学生、学业突出学生和具有科研潜质学生等多元群体的服务指导；继续加强学业辅导队伍专业化建设，贯彻落实全国教育大会和全国高校思想政治工作会议精神，从学业发展规划以及思维认知等维度进一步提升学生在大学学习的幸福指数，发展立足现代、着眼未来的教育观，培养敢于担当、全面发展的人才。

4.3 校级学业与发展支持中心建设实践

学业发展与支持工作是北航人才培养道路上始终聚焦的课题。建校以来，北航一直秉承“尚德务实、求真拓新”的办学理念，传承“艰苦朴素、勤奋好学、全面发展、勇于创新”的优良学风，在有效的学风建设基础工作之上，不断坚持问题导向，突破传统工作瓶颈，创新和科学系统地开展学业辅导与支持工作。

2012 年，北航开设“博雅课堂”，以渊博的视野和雅正的品质围绕学生的学业发展和通识基础学习开展支持辅导工作，截至 2018 年共举办 1172 讲，开课总量 32.5 万讲，听课人次达 31.5 万。其中，人文艺术类 874 次，科技创新类 254 次，政治经济类 44 次。特别邀请孙聪、徐勇凌、景海鹏、于丹、蒙曼、金一南、六小龄童、大山等国内外知名专家学者担任主讲。

2014 年，北航全面推行“梦拓”（Mentor）的朋辈学业辅导计划。通过生动活泼、学生参与感强的活动形式，重点加强新生入学适应性辅导，并根据不同学生的兴趣、特长，寻找突破口，让学生在学业辅导中有获得感。截至 2023 年 1 月，共选聘“梦拓”7411 人，参与新生 3.3 万余人，年均投入 36.4 万元，基本实现了一年级新生全员覆盖。

同年，北航各学院和书院依托启发式、讨论式、研究性的合作学习模式，创建了“数海领航”数学辅导中心、“物有所知”物理辅导中心、“启研”科研起步工作坊、“航小猿程序设计”第二课堂、“We 导 We 麻”学习技巧工作坊、少数民族学生“畅叙”工作坊等十多个学业辅导平台，形成了分层次、分类别、个性化和专业化的学业辅导联盟。

2017 年，学校挂牌成立北航学业与发展支持中心，统筹学校已有的学业辅导平台与资源，下设管理服务办公室、个体辅导（咨询）部、团体辅导部和学业研究实验室 4 个部门，1 人专职编制。建立了指导教师、工作人员及工作团队的选聘、反馈和考核体系，构建了信息化运行机制，依托北航“微言航语”公众号专栏开展宣传及信息互动；依托“导师有约”移动端在线系统进行在线预约、智能测评等个性化的学业指导服务。中心在学校经典的《大学生学习方法》课程基础上，围绕学生需求开设《大学生通用学习能力》一般通识课程。

在工作主体方面，学校不断壮大学业辅导团队，吸纳教学科研一线的资深名师、优秀青年教师、博士生等优秀人才组成学业辅导工作主体。2016 年，学校特聘十名“青年千人”担任辅导员，以国际化视野指导学生学业发展与科研创新；在学校“导师有约”学业辅导系统中，共有来自各专业的 66 名教授、副教授担任学业导师，开展一对一的学业咨询服务；2017 年，北航学院的各书院共同聘请了 400 余位教授、副教授担任低年级学生导师；同时，为强化学工队伍在学业辅导工作中职业化与专业化培养，目前已派出多位学工干部参与海外辅导员研修计划。在工作经费、场地方面，学校共支持场地 1296 平方米，每年划拨专项经费 75 万元，用于专兼职辅导教师课酬、“梦拓”计划、专项海外研修等学业辅导支持的课题研究。近五年来，北航学生在学业发展方面成绩突出，获得全国数学竞赛一等奖共计 19 项，市级以上奖励累计 600 余项，获奖比例位列全国高校之首；在全国大学生挑战杯中，北航学子连续十五年捧得优胜杯，并获得两次挑战杯；连续三年获得中国“互联网 +”大学生创新创业大赛冠亚军，共获 4 枚金牌、3 枚银牌。

5　院级学业与发展支持中心建设与实践

5.1　院级学业与发展支持中心建设目标

院级学业与发展支持中心，重在系统性、完整性、针对性，根据学生不同阶段学习的特点和需求，从书院或专业学院人才培养的实际出发，充分调动各种资源，建立完整的学业支持活动和课程体系。

5.2　院级学业与发展支持中心建设方案

在当前学校大类招生、大类培养、书院制等人才培养新模式下，学校各书院（学院）把握以生为本、立德树人的中心环节，紧密围绕学校人才培养目标以及新时期学生个性化需求和成才规律，制定院级学业与发展支持中心建设方案，建立健全以促进学生学习与发展为核心的学业支持体系，促进学生学业发展和成长。

以下以北航学院士嘉书院为例，介绍院级学业与发展支持中心建设方案情况。

根据士嘉书院总体建设方案，特制定士嘉书院学业与发展支持中心建设方案。

1. 指导思想

为深入贯彻落实学校的人才培养目标，培养“具有高度的国家使命感和社会责任感，理想高远、学识一流、胸怀寰宇、致真唯实”的领军领导人才，切实提升学生管理工作的专业化、科学化水平，士嘉书院决定成立学业与发展支持中心，为新形势下书院大学生的个性化学习发展需求延伸学习空间，为书院领导、学业导师、班主任、任课教师、辅导员、各级管理人员以及书院学生提供学业支持的互动交流平台。

2. 建设目标

士嘉书院学业与发展支持中心致力于构建服务教师和学生的交流互动平台和机制，围绕学校人才培养目标以及新时期学生个性化需求和成才规律，建立和健全学业支持体系，推动书院学业辅导工作开展，为营造优良学风和提升人才培养质量打下坚实基础。

根据士嘉书院建设总体方针，特此提出三个建设目标。

（1）爱学习

重在端正学习态度，激发学习动力，强化目标牵引。

（2）会学习

重在优化学习方法，合理有效利用学习资源，打牢学习基础。

（3）学习好

重在严格学习评价标准，建立学业预警机制，保证学习质量。

3. 参与人员及职责

士嘉书院学业与发展支持中心主要参与人员及其职责如下。

（1）学业与发展支持中心主任

由书院专职辅导员担任。

职责：学业与发展支持中心主任主要负责学业与发展支持中心的日常统筹管理工作。

（2）学业总导师

职责：学业总导师负责参与北航学院导师委员会会议并召集书院的

导师联席会会议，制定书院导师制实施细则，指导书院导师制工作的具体开展，监督书院导师的工作开展；负责与专业大类责任教授、各基础课程组负责人沟通协调，制定书院学生学业课程计划，处理书院学生在课程学习过程中产生的共性问题；负责总体规划学生专业分流指导课程，与专业对应学院沟通协调专业教育，筹备院长论坛、专业分流讲座、专业分流个性指导等活动，帮助学生充分了解各专业的发展前景与就业方向，理性选择专业。

（3）学业导师群

由航空航天大类书院所对应的专业学院的老师组成。

职责：学业导师群主要负责在导学活动中对学生进行学术引导、学业指导、发展辅导和生涯规划等满足学生个性化发展需求的工作。

（4）班主任

由航空航天大类书院所对应的专业学院的老师组成。

职责：班主任主要负责书院各小班班级学风建设，对学生进行生活学习上的帮助，对进入学业预警的学生进行援助辅导工作。

（5）半脱产辅导员

职责：半脱产辅导员主要负责班级集体建设以及对学生的思想政治引导、生活关心、状态关注，及时发现学生问题并反馈给班主任老师，同时负责“梦拓”计划、朋辈辅导的实施。

（6）学业助理

职责：学业与发展支持中心助理主要负责导师制实施，导学活动相关事务和问题的处理，各类学业资料的整理归档，对接学校、学院各教学部门，为学生学业发展提供咨询，同时负责学业与发展支持中心的建设以及书院学生学业状态的调查工作。

（7）各小班“梦拓”团

职责：主要为学生提供生活引导以及贴近学生实际的学习资料和学

习方法，组织素质拓展活动，丰富学生课余生活。

4. 运行方案

士嘉书院学业与发展支持中心对标“爱学习”“会学习”“学习好”的建设目标，从学习态度、学习方法和学习效果三方面入手，建设“任课教师”“学业导师”“班主任”“辅导员”“学业助理”“教学秘书”“‘梦拓’导生”多位一体的学业与发展支持体系，如图 5－1 所示，并提出以下运行方案。

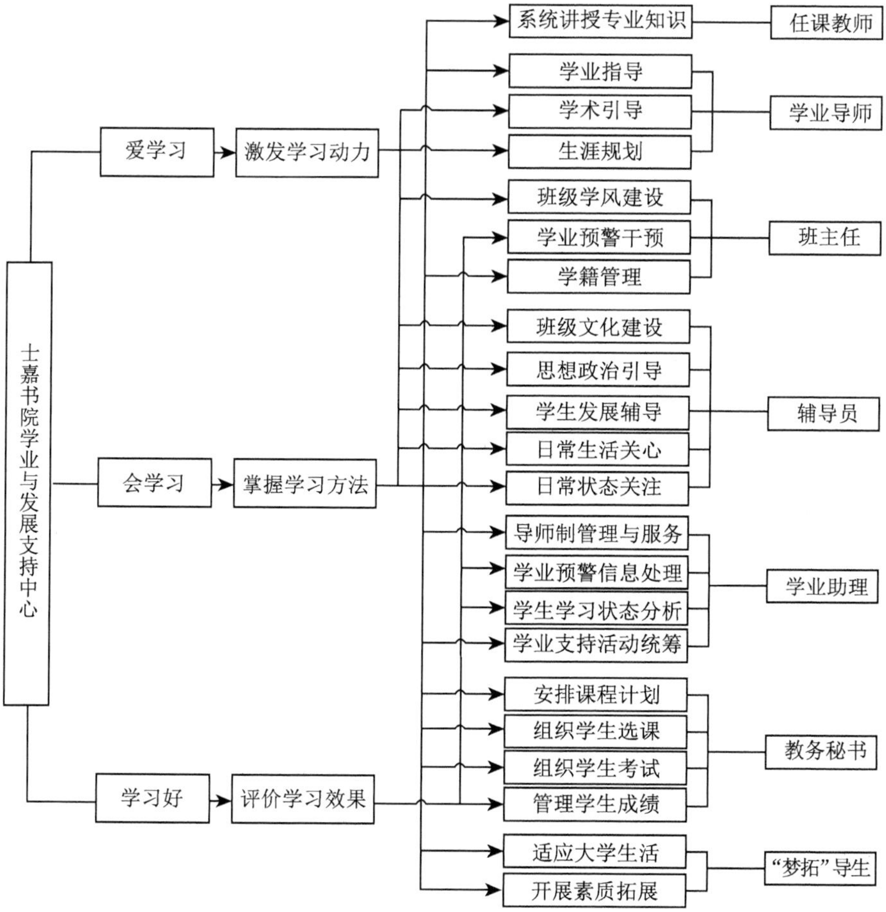

图 5－1 士嘉书院学业与发展支持体系

(1) 端正学习态度，激发学习动力，帮助学生爱学习

一方面，通过学业总导师解读专业分流政策、班主任解读奖学金评定、优秀生选拔、推荐免试研究生、评三好及其他奖励等激励性文件，端正学生学习态度，激发学生学习动力，明确学习目标；另一方面，通过士嘉大讲堂青年榜样的成功案例，给学生传递正能量，激发学生积极向上的学习动力，对标青年榜样，明确学习目标。

(2) 优化学习方法，整合学习资源，促进学生会学习

①优化学习方法

针对刚进入大学、尚未掌握大学正确学习方法的同学，提供以下方式帮助同学们尽快适应大学学习模式，掌握正确学习方法。

班主任老师在班级学风建设中，建立班级集体自习、考前答疑、班级干部一对一“搭档”帮扶等政策。

辅导员在关注学生学习状态的过程中，针对学习方法存在问题的学生，制定个人培养计划，包括时间管理计划、网络控制计划等。

小班“梦拓”团将个人好的学习方法、学习习惯进行整理，形成集体智慧，分享给低年级的同学。

②整合学习资源

书院学业总导师、导师群以及班主任作为专业老师，可以为学生提供更专业、更深层次、更系统的学习资源。根据导师制实施方案的相关规定，导师与每一位同学进行每周不少于一次的线上交流，至少每两周进行一次面对面辅导；导师每学期对每位同学至少进行两次单独辅导，每次辅导时间不少于 1 小时。在个人辅导时间里，导师和学生共同制定个性化学习计划，解答学生对于专业前景和个人发展的疑问，帮助学生尽快适应大学生活，尽快了解各个专业的发展情况，尽快制定合理的大学学习规划乃至生涯规划。另外，提倡有条件的导师带领学生积极走进实验室，开展科技创新大赛，参与科研课题及科研项目的研发工作。班

主任老师同样负责召开新生班会，每学期至少与班里每位同学交流一次，了解学生思想、学习和生活情况，组织学生开展学习方面的讨论，介绍学习方法，交流学习经验，帮助学生克服学习中的困难，并根据大类培养计划、课程设置和学生的具体情况，指导学生选课、制定个人学习计划和参加科研实践等。

③朋辈学习资源

“梦拓”作为朋辈导师在心理上具有和新生交流沟通的先天优势，“梦拓”团可以结合自身的学习经验，开展多对一、一对一、多对多等多种形式的“梦拓”活动，将优质的学习资源分享给学生，甚至可以设计出跨组、跨书院、延伸到校外的多维“梦拓”，充分挖掘学习资源。另外，根据大一学生的成长，有针对性地开展“梦拓”工作，做到因人而异、因时而异、因事而异，实现精准的“梦拓”引导。

④其他学习资源

士嘉大讲堂定期举办的讲座以及学校学业与发展支持中心的个体咨询和团体辅导，同样可以在学生需要的时候提供优质的学习资源。

(3) 严格学习评价标准，建立学业预警机制，保证学生学习好

学业助理制作学生学业调查问卷，明确学习效果评价指标，每学期进行三次问卷调查，利用信息化手段进行大数据分析，对学生的学习效果进行评价；建立书院学业预警机制，辅导员和班主任时刻关注班级学生学习状态，及时发现问题，并制定相应援助措施，确保学生不掉队。

5. 活动保障

士嘉书院学业与发展支持中心依托士嘉书院公众号开展宣传及信息互动工作，学业助理负责中心涉及的导学活动场地借用安排。

5.3 院级学业与发展支持中心建设实践

北航院级学业与发展支持中心建设紧紧围绕北航“大类招生、大类培养、通识教育”的人才培养改革工作，分为各专业学院学业与发展支持中心和书院学业与发展支持中心，将学业支持与学院和书院特色文化两者结合起来，以此更好地服务于北航低年级通识教育和高年级专业教育的开展。

专业学院学业与发展支持中心对标专业教育，从学院文化特色出发，举办了航空航天文化节、数学文化节、国际文化节、人文文化节、法律文化节、可靠性系统工程文化节等特色品牌活动。同时，各专业学院充分发挥自身的专业教育优势，从专业认知和专业实践角度，通过开设课程、参加竞赛、组建社团、举办工作坊、开办讲座交流等形式加强有专业特色的学业与发展支持工作。在开设课程方面，材料学院开设科创训练营课程，电子学院开设电子科协训练营课程，计算机学院开设程序设计基础系列培训课程，可靠性学院开设宣传技能培训课程，共计30余门；在参加竞赛方面，航空学院组织航模比赛，数学学院组织数学竞赛、数学建模竞赛，外国语学院组织英语竞赛，物理学院组织物理竞赛等近十项科技竞赛和学科竞赛，都成为学生学业能力提升的重要比赛；在组建社团方面，有北航材料协会、电子科技协会、自动化协会、歌尔航模队、计算机协会、机器人队、数学建模社、AERO大学生方程式赛车队、土木建筑协会、可靠性系统工程学术俱乐部、宇航协会、仪器光电协会等十余个学业创新团体；在工作坊方面，建有数学学院的“数海领航”“We导We麻”，物理学院的“格物致知”，交通学院的畅叙工作室等近十个工作坊，专业学业辅导员50多人；在讲座交流方面，各专业学院开设院长下午茶、书记下午茶、每周一个系列学术讲座、专业兴趣研讨班、“开讲啦”、“学术沙龙”等各种形式讲座，累积每年100多场，覆盖学生5000多人次。各专业学院的学业与发展支持活动取得了丰富的成果。多年来，数学竞赛成绩一直位列北京高校之首，北京市一等奖获奖率占全市高校30%以上，每年收获2～4名不等的全国一等奖。北航航模队连续11届获得全国航空航天模型锦标赛（科研类）多个项目的冠军，并且保持了多个项目的世界纪录，并荣获“十年磨一剑特别贡献奖”；参加了2017年SAE国际大学生航空设计大赛，以总分第一名的成绩摘得高级组桂冠，同时创造了该项赛事的新成绩。此外，各专业学院积极开展学业与发展辅导员相关的课题研究工作，包含战略课题和重点课题等。

书院学业与发展支持中心对标通识教育，同时紧贴学生学习发展需求，在学生学业辅导、学生发展和导师制等层面开展工作。书院开设了院长高端论坛、志士六艺博雅课堂、冯如大讲堂、士嘉训练营、守锷智慧社、致真学业规划坊、知行学业领航讲座等一系列通识课程和学业品牌活动。其中，在学业辅导层面，以士嘉助消化课堂、“士疑解惑”、致真答疑坊、冯如集体辅导为代表，各书院学业与发展支持中心均在考期前，组织书院学生开展知识点串讲、模拟考试以及优秀学习资料分享等活动，为学生提供多样化的学习资源；在学生发展方面，各书院不定期邀请行业学者开展大型讲座或报告，以致真高端论坛、士嘉、守锷、冯如大讲堂以及“志士六艺”为代表，书院每学期面向书院全体学生至少开展两场次，达到全覆盖、开阔眼界、增强知识面的目的；在导师制方面，各书院依据导师制实施方案，贯彻实践导师制工作，导师们带领小组成员开展丰富多彩的集体导学活动，如参观实验室、导学读书会、调研导师科研方向、师生共膳、学术沙龙、大学生涯规划、时间管理方法等，从细微处渗透心理健康、学习方法转变、科研兴趣启蒙等方面知识，实现教师和学生的共促共赢。

以下以北航学院士嘉书院为例来系统讲述大类培养下的书院学业与发展支持工作体系。

士嘉书院重视学生综合能力的培养与知识体系的构建，开设十项“士嘉计划”（如图 5－2 所示），为学生打造全方位的学业与发展知识体系。其中，“士嘉训练营”对标“理想高远、学识一流、胸怀寰宇、致真唯实”的北航人才培养目标，每学期平均开展大学生综合能力锻炼课程 30 余次；“助消化课堂”聚焦大学学习方式养成，让教师传授与学生自主相结合，让上讲台成为学生完成学习与展示自我的一个重要舞台；“士嘉研究院”下设“学业实验室”与“科创实验室”，聚焦大学生学业发展研究和科研创新研究，以科学研究的思路激发学生学习的兴趣和动力，以专业实验室的管理方法培养学生学习的方法和习惯等。以下将逐一阐述士嘉书院学业与发展支持体系中的模块以及与学业发展建设相关的其他内容。

图 5－2　士嘉书院学业与发展支持中心建设体系

5.3.1　高端学术与人文讲座——拓宽视野

大学高端学术与人文讲座是学术交流的重要平台，是社会知识的集散地，也是各种信息相互交流与交换、思想传播的重要载体和途径。不定期邀请行业专家、学者、成功人士面向高校大学生开展讲座或报告，在营造高品位、多元化的校园科学文化氛围，开阔学生知识面与视野，建设优良校风学风等方面具有不可替代的作用。

鉴于高端人文讲座的作用与意义，北航学院各个书院开设讲座课程，现以士嘉大讲堂为例说明。

为贯彻落实学校在本科的人才培养中逐步实施博雅教育的计划以及士嘉书院建设总体方针，打造士嘉书院品牌文化，全面丰富学生的课余文化生活，创造士嘉书院良好的育人氛围，进一步做好专业培养和文化培育服务，士嘉书院特制定以下实施方案。

1. 建设目标

士嘉大讲堂拟邀航空航天大类相关专业的专家学者、文艺品鉴类的专家以及成功青年代表举办讲座，开展交流活动。一方面，帮助学生接触更多学术前沿动态，了解专业发展方向；另一方面，让学生近距离接触多元化的艺术知识，不断增强学生的文化底蕴积累，以期培养更多知识面广、精神文化层次高、思辨能力强的高科学文化素质人才。

2. 组织机构

士嘉大讲堂由士嘉书院学业与发展支持中心组织实施、士嘉大讲堂工作组具体实施。士嘉工作组下设负责组长一人，主要负责收集讲座嘉宾的信息和整个大讲堂活动的统筹及现场记录；专职摄影师一人，主要负责大讲堂活动的拍照和录像；专职宣传员一人，主要负责每期士嘉大讲堂活动的海报设计与制作；专职通讯员一人，主要负责每期大讲堂活动预告、报名及活动后新闻稿的撰写和公众号的推送。

3. 建设方案

（1）专业讲座

书院与航空航天大类各专业学院联动，邀请大类中有影响力的专家、院士等，为学生介绍专业前沿动态以及相关工程实践经历。

（2）文化培育

为丰富士嘉大讲堂活动内容，进一步拓宽学生知识涉猎面，大讲堂拟邀请建筑、艺术、绘画、影视等各类艺术品鉴类的专家名人举办专题讲座，以此满足学生多样化的兴趣爱好和多元化的需求。

（3）青年榜样

邀请成功青年校友代表或青年企业名人，举办励志讲座，分享成功经验，充分发挥青年榜样的力量。

4. 组织实施

书院在每学期伊始两周讨论制定本学期士嘉大讲堂运行方案推进表，主要包括士嘉大讲堂项目需求汇总表、士嘉大讲堂活动排期表、士嘉大讲堂效果记录表和士嘉大讲堂运行情况总结报告等内容，具体如表5－1所列。

表5－1　士嘉大讲堂运行方案推进表

时间	事项	负责人
第一周	征询书院学生意见，填写士嘉大讲堂项目需求汇总表	学业与发展支持中心
第二周	组织会议，讨论确定本学期士嘉大讲堂运行方案，填写士嘉大讲堂活动排期表	学业与发展支持中心
第三周至第十五周	具体落实博雅课堂运行方案，邀请相关专家做讲座等	学业助理
	组织书院学生填写士嘉大讲堂效果记录表	学业助理
第十六周	总结本学期博雅课堂运行情况，反馈意见和建议，撰写士嘉大讲堂运行情况总结报告	学业助理

5.3.2 综合素质养成课程——锻炼能力

随着时代的发展，社会对人才提出了更高要求，更加重视人才的综合素质。所谓综合素质，是指一个人的知识水平、道德修养和其他各种能力等多方面的综合素养。对于大学生而言，其综合素质应包括正确的人生观和价值观、对应年龄阶段的健康心理素质、健康的思想和良好的道德素质、创新精神和实践能力，平时积极主动参加学校各项社会实践与志愿服务活动，掌握丰富的科技文化知识并具有创新意识等。因此，对于大学生而言，具备良好的综合素质很重要，应努力学习，加强自身修养，不断完善自己，提高自身综合素质，使自己越来越强。

为提高北航在校大学生的综合素质能力，北航学院设有综合素质养成课程，即博雅课程。七个书院分别将各自独具特色的书院文化融入博雅课程的建设中，以士谔志士六艺、传源五育并举特色育人、冯如大讲堂、士嘉计划、守锷四品计划、致真三有育人体系、知行文科通识课程等理念或载体，积极探索与实践博雅课程，以此锻炼学生能力，提高学术的综合素质。下面以士嘉训练营为例说明。

1. 实施背景

为着力培养“具有高度的国家使命感和社会责任感，理想高远、学识一流、胸怀寰宇、致真唯实”的领军领导人才，北航提出实施“雄鹰领飞计划”。其中，士嘉训练营对标北航领军领导人才培养目标，着眼于大学生综合素质养成，充分调动优质资源，打造优质平台，助力北航领军领导人才培养。

2. 课程对象

士嘉书院全体学生。

3. 课程形式

（1）主题研讨式

每次确定一个主题，邀请主题相关的嘉宾或团队参加经验交流，与学生面对面互动研讨。课程结束后由老师做总结指导。

（2）实践调研式

通过参观实践专业实验室、校外企业、社会团体等形式，根据一个确定的主题进行调研，最后总结形成调研报告。

（3）课题研究式

针对校内学习生活中的问题或某一个社会问题，确定研究主题，通过文献调研、社会实践、问卷调查等方式开展课题研究，最后总结形成课题研究报告。

（4）主题讲座式

根据某一个确定的主题，邀请相关领域的专家、学者开展讲座，向学生介绍知识，提供资源。

（5）训练体验式

书院学生积极主动参与志愿服务、运动跑步、科技实践、社会实践以及文艺演出等实践类活动，加强自身锻炼，经士嘉训练营认定，也作为士嘉训练营的一种形式。

4. 课程内容

对标北航领军领导人才培养目标，分别开设以下几类内容。

“理想高远”专题：当代大学生的思想动态、理想与信念、生涯规划等；社会热点研讨、形势政策分析；党建工作、团建工作。

“学识一流”专题：大学学习特点与方法；大学学习资源，比如学科竞赛、图书馆使用与文献检索、科技论文及专利写作介绍等；青年工程师座谈。

“胸怀寰宇”专题：社会工作资源介绍及工作经验交流，比如各种学生工作部门、社会工作团体工作内容及经验研讨；出国交流资源介绍与申请。

“致真唯实”专题：实验室参观及科研团队调研；开展“明星企业进校园”校企合作活动；科研训练、社会实践、科技实践等多方面的介绍与培训。

5. 课程安排

根据大学生在不同成长阶段所面临的问题设置，第一学期以介绍和研讨形式为主，第二学期以培训和实战为主。一般每学期开展 8 ~ 10 次课程。主题讲座一般为 200 ~ 400 人；研讨交流一般为 20 ~ 30 人；参观实践一般为 20 ~ 30 人。

学生根据发布的士嘉训练营课程项目自行选课。根据博雅课程要求，士嘉书院学生需要在每学期参加一定的活动，一般大一上学期 4 次，大一下学期 3 次。除参加普通士嘉训练营课程外，学生可以用累计跑步 20 公里、参加一次校级以上学科竞赛、参加一次院级以上（如“冯如杯”等）科技竞赛、参加一次社会实践、参加一次志愿服务、参加一次文艺演出、担任学生干部一学期等活动方式，并经提交相应材料认定合格后，代替一次士嘉训练营课程。

6. 课程组织

士嘉训练营由士嘉书院团委指导，士嘉书院学生会士嘉计划项目部具体负责组织实施，依托士嘉共同体，协调各专业学院、兄弟书院和社会资源，共同建设士嘉训练营课程。

士嘉训练营课程采用士嘉书院官方微信公众平台——“北航士嘉书院”线上宣传，自行选课，并在活动现场进行考勤。根据每次课程的特点和安排，确定参加训练营的人数、场地及开课方式。

5.3.3 课程学习答疑辅导——聚焦学习

现阶段中国高等教育采用的常见教学形式是面授教学，教师在课堂上与各位学生面对面地教授与传播知识，细致讲解分析。同时，面授教学过程中伴随着师生间、生生间的研讨与互动环节，很大程度上激发了学生积极参与的意识和主动探索的主观意愿，彼此在良好的课堂教学氛围中，都能取得较好的教学效果。但是，面授教学过程中，效果也受多方面因素的限制与约束，比如授课的时间和地点比较固定，自由度相对较低；同时，一对多的这种面授教学也不能很好地适应学生的个性化差异。那么，如果安排一些适量的辅导答疑，既能及时弥补这些制约的因素，实现既定的教学目标，也能引导学生自觉在课后多加思考，养成良好的自学习惯，能在无形中将有限的课堂教学在时空上加以延伸。

北航学院聚焦学生学习，成立学业与发展支持中心，依托一对一咨询、团体辅导、朋辈辅导、在线直播等多种学业支持形式，特别关注对低年级本科生、存在学业困难或有特殊需求的学生群体的个性化、专业化服务。比如，士嘉书院“助消化课堂”重点开展课程学习辅导，通过难题汇总、重点备课、试讲互评、录制处理四个环节打造精品课程。同时，通过招募朋辈讲师、选拔金牌讲师、互评积分等形式促进讲师团良性竞争与自我提升，以此成为学生的学习小帮手。具体建设方案如下所述。

1. 建设目标

士嘉书院“助消化课堂”在大类培养、书院制等人才培养新模式下，通过有效配置与优化学校及书院资源，加强统筹规划和组织协调，构建有效机制，为学生提供较为优质的学习资源和学习方法，帮助解决学生课程学习面临的困难和问题。

2. 课堂模式

士嘉助消化课堂建立“辅导—反馈—评估”三位一体的课堂模式，

切实监督与提升课程的质量。

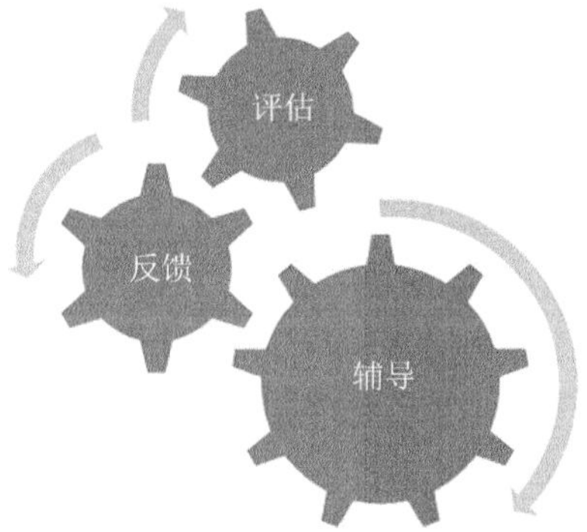

图 5-3 士嘉助消化课堂模式图

(1) 评估

通过问卷摸底调研、听课反馈、学生座谈等方式跟踪发现学生在学业方面的困难和问题，定期了解学生学习状况。

(2) 辅导

结合评估结果，安排课下辅导活动，包括团体辅导、个体辅导等形式，重点关注课程学习中遇到的难点问题和突出问题。

(3) 反馈

每次助消化课堂活动结束后，对课堂形式和内容进行线上评价，并调研下次课堂的形式和内容。

3. 参与人员及职责

士嘉书院“助消化课堂”主要涉及人员及其职责如下。

(1) 教学秘书和学业助理

书院教学秘书和学业助理负责协调学校、任课教师、助教层面的工作，通过问卷设计、听课等方式跟踪了解老师及助教课程情况、学生学习状况，总结学生在课程学习过程中遇到的普遍性和突出性困难和问题，并向北航学院和学校层面反馈。

（2）讲师团

组建士嘉书院“助消化课堂”讲师团，面向各专业学院课程学习优秀的高年级学生（包括课程安排的助教、大二年级“梦拓”导生）及士嘉书院当年课程学习游刃有余、学有余力的学生，招募“助消化课堂”讲师，开设学习经验交流、考前知识点梳理、疑难题目讲解等课程。

（3）学生组织

书院学生会学习部依托书院学业与发展支持中心，具体组织“助消化课堂”的各项工作。

书院各小班可以根据班级实际情况，在班主任和学习委员的组织下，组成学习小组，开展集体自习，策划模拟考试，整理反馈学习难点和知识体系等，服务于班级学风建设。

4. 课堂形式

士嘉助消化课堂的课程形式主要有团体辅导与个体辅导两种形式（如图 5－4 所示），覆盖书院全体学生。其中，团体辅导着眼于打造基础课程内容，以小班团体为单位开展特色活动；个体辅导针对个体提供针对性的帮扶措施，尤其是学业有困难的学生，注重塑造提升学生的个性化能力。

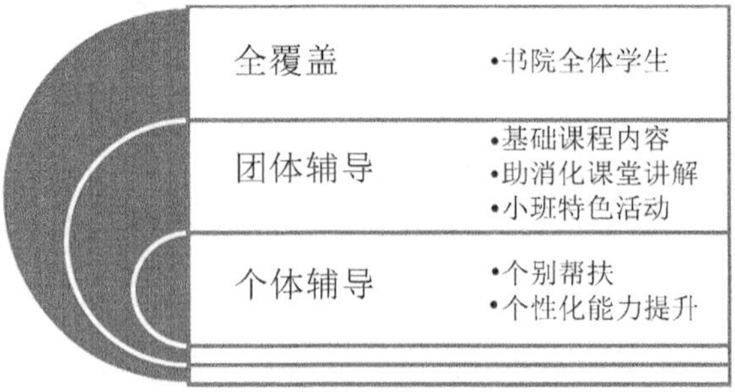

图 5－4　士嘉助消化课堂课程形式

5. 课堂内容

士嘉助消化课堂课程内容包括线上与线下两个方面，如表5－2所列。其中，线下课程主要开展“重方法”的“学习经验交流”活动、“重内容”的“知识点梳理”活动、“重答疑”的“疑难题目讲解”活动以及“重能力”的“拔高研讨”活动；线上课程主要通过建立学习交流群进行线上学习交流活动，如将汇总的疑难题目、重难点问题集中进行线上讨论，同时整理学习资料。

表5－2 士嘉助消化课堂课程内容

线下		线上
学习经验交流	重方法	学习交流群
知识点梳理	重内容	重、难点收集
疑难题目讲解	重答疑	疑难题目汇总
拔高研讨	重能力	学习资料整理

6. 课堂保障

士嘉书院“助消化课堂”依托士嘉书院学业与发展支持中心开展相关课程，通过士嘉书院公众号开展宣传及信息互动工作，由书院学生会学习部负责组织安排。

针对“助消化课堂”讲师团成员招募，将采用多种形式开展：聘请优秀的专业助教进社区；针对高年级学生，设立党员先锋服务岗、入党积极分子先锋服务岗、勤工俭学服务岗等，计入志愿服务时长，给予一定劳务补贴；针对大一年级学生，除以上激励措施外，担任讲师后，每开展一次助消化课堂活动，可以计入一次士嘉训练营活动。

5.3.4 通识课程培育建设——精品通识

高校作为人才培养的主阵地，要坚持把立德树人作为教育的根本任务。立德树人就是要培养学生如何学做人，具有人的德性，具备人文精神与人文素养。

高等学校的课程分为专业课程和通识课程两类，其中通识课程更多地承担起了如何培育学生做人的教育根本使命。

近年来，北航学院实施通专融合的人才培养模式改革。其中，通识教育以“人的培养”为理念，以“立德树人”为根本，把学生的人格塑造与素养提升作为主要目标，塑造学生的世界观、人生观和价值观，深化学生对中华民族伟大复兴历史使命的认识。通过对自我、社会、国家和世界的认识与理解，使学生认识自身存在价值并自觉承担社会责任。同时，关注学生的科学素养、人文精神与国际视野，提升学生的批判性思维、交流合作以及开拓创新的能力，为实现北航学院“培养引领未来的人”的本科教育目标发挥必不可少的作用。以下以《再造“北京一号”飞机研制概论》建设方案为例说明。

1. 课程的性质、目的和任务

《再造“北京一号”飞机研制概论》是主要面向工科试验班（航空航天大类）专业本科一二年级学生开设的一般通识课程，主要内容包括“北京一号”历史介绍、飞机设计系统工程过程、航空航天大类等各专业在飞机设计中的应用等理论课程环节和飞机实地调研、飞机创意设计等实践课程环节。

2018 年是“北京一号”首飞 60 周年，作为重要的纪念形式之一，本课程以“北京一号”历史文化为载体，通过一系列理论课程，使本科低年级学生对飞机设计过程以及各专业在飞机设计过程中的应用有系统性了解，为后续专业分流和专业学习打下良好基础；通过一系列飞机实地调研、飞机创意设计等实践课程，让本科低年级学生更为真切地体会飞机设计过程，开展飞机设计项目的实践，将相关理论知识与实践操作有效结合。

2. 课程内容建设

课程以“北京一号”设计制造及历史文化为开篇，将学生引入系统地了解飞机设计制造的课程学习中。根据飞机设计制造等全寿命周期过程，分别开设飞机研制系统工程过程、飞机总体设计、飞机设计中的“六性设计”、飞机设计中的材料设计、飞机设计中的自动控制系统设计、飞机设计中的能源动力系统设计、飞机设计中的机械系统设计、飞机设计中的人机与生命保障系统设计、飞机设计中的适航管理系统设计、飞机设计中的导航系统设计、飞机试飞与驾驶技术、新一代飞机设计、飞机工业发展等专题。

3. 课程其他环节设置

为配合课堂理论学习，课程成立飞机设计研发小组，采用并行工程的理念，让学生开展飞机创意设计，并采用飞机设计方案汇报答辩的形式进行结课考核。

作为课程的后续内容，将组织专项社会实践队，赴沈飞、成飞、上飞、西飞、商飞等一线飞机设计研究单位开展参观实习；将好的飞机设计创意凝练提升，通过航模队、“冯如杯”等，将飞机设计创意实现为飞机设计作品。

4. 课程课件及教材建设

课程将针对每一个专题做 PPT 课件。课程前期主要参考《飞机设计手册》《航空航天技术概论》等教材；课程后期会研发一本专门教材，作为了解飞机研制的通识教材。

5.3.5 专业选择支持工作—专业认知

现代社会对跨学科复合型人才的需求，推动了人才培养方式发生变化。为培养出未来国家发展需要的高素质拔尖创新人才，北京航空航天大学于 2017 年开始，将传统按照专业招生方式转变为大类招生、大类培养的模式。

建设专业选择支持工作体系可以促进学科交叉融合，同时有效避免学生在专业选择上的盲目性，使其能对今后的学习与发展的方向做出更为理性的选择。

北航为学生开设了丰富的通识课程，引导学生在对各专业充分了解、分析的基础上，结合自身的兴趣意愿、学业成绩以及职业规划等，最终选定自己的专业方向。

1. 指导思想

为满足学生全面成长和个性发展的需要，实施“低年级厚基础通识教育，高年级宽口径专业教育”的培养方式，为国家培养具有远大理想、高尚情怀、国际化视野和一流竞争力的创造型人才和学术领军人才。

2. 建设目标

专业选择支持工作建设目标为第一志愿满足率。通过全面认知专业，使得学生正确、全面认知自我，保证学生理性进行专业选择。

3. 参与人员及职责

北航专业选择支持工作主要在校、院、书院三级联动机制下开展。

（1）校级专业选择支持工作

专业选择支持活动并非局限于学院，学校还有多个部门分工协同。由校级部门主导，在整体的联动之下，开展专业选择支持工作。

校级学业与发展支持中心的主要工作是统筹各书院资源，开办大型高端讲座。

招生就业处负责北航大类招生宣传及相关就业指导工作。

（2）院级专业选择支持工作

①北航学院

北航学院在专业选择方面秉承着“志愿优先、成绩排序、计划控制”的基本原则，进行志愿填报、成绩排序和专业确定。

北航学院教务部组织开设大量的通识课程，制定大一学年培养方案，分别在秋季学期和春季学期组织专业选择调查，及时了解学生专业选择情况，宣讲专业选择政策，组织统一宣讲专业咨询会。

②专业学院

各专业学院开设专业概论课，解决学生学业上的困惑，加强学生的专业认知，提高学生的专业兴趣。同时，公布专业培养方案及课程体系，为专业学习提供课程保障，完善学生的学习规划，指导学生进行专业性、系统性学习。

为增进学生对专业的了解，开阔学术视野，各专业学院方面还主要设置了专业学院院长论坛、大类学生科技创新论坛、大类青年学生榜样大家谈、大类专业宣传周、北航学院大类培养专业咨询日等专业咨询活动。通过组织保研学生面对面交流、校友座谈会等活动，为同学们解惑专业选择，帮助学子找准自身成长规划目标。

（3）书院级专业选择支持工作

书院级专业选择支持工作以士嘉书院为例，士嘉书院学业与发展支持中心人员配备有学业导师、班主任、任课老师、辅导员、“梦拓”导生、企业导师、学业助理等。

学业导师主要负责引导学生专业学术创作，指导学生进行专业学业规划，针对学生提出个性化专业选择咨询方案。针对导学小组成员对导师所在学院相关专业的困惑进行及时解答，包括发展历程、前沿技术、相关专业职业生涯规划及工程案例等其他与专业研究方向相关的内容，让学生更加深入了解各专业，帮助学生发掘自己喜欢的专业，并在选择专业过程中，针对学生个人的兴趣爱好及意向，提出个性化指导方案。

班主任负责对学生进行专业方向的指导，辅导学生进行专业学习。班主任全面负责各小班班级学风建设，帮助学生掌握正确的学习方法，带领学生参观实验室，介绍各专业学习路径。

任课老师开设导论课讲授专业知识，开设实践课讲授专业实践，通过线下交流等方式引导学生认知相关专业。

辅导员负责生涯规划，思想引领。通过一对一咨询问答座谈会，解答学生出现的思想困惑、专业认识不全面、行业发展认识不到位等问题。开展答疑解惑会，统一宣讲、解读专业选择的政策，对学生的生涯规划提出参考意见或建议。

“梦拓”导生主要负责引导学生锻炼综合素质能力、认知自我，介绍专业学习经验。在“梦拓”活动开展的过程中，解决学习问题，带领学生进行素质拓展，帮助学生了解自己，引导其进行专业选择。“梦拓”导生也具有专业属性，可以更深入地解析学生学习该专业的优劣势，同时参考自己专业选择的过程，为新生们分享心得及经验。

企业导师主要指导认知行业发展，到校开办讲座，与学生交流关于该专业的就业方向以及行业发展前景，为学生的专业选择提供指引，帮助学生了解行业、指导职业规划、开展社会实践、参与生产实习。

学业助理主要负责相关学业研究及管理服务工作。通过收集相关资料，建立专业选择模型，基于已有数据统计分析专业选择情况，积累专业选择案例。同时，负责统筹协调专业选择工作全过程，对接校院两级学业与发展支持中心，管理服务导师、同学。

书院还通过线下组织书院导师制导学活动、书院班主任专业咨询活动、青年企业家/青年工程师面对面、校内专业学院实验室参观实践、校外企业参观实践等一系列活动，使学生对各大类专业有一个大致的认知。线上使用微信公众号、微博等新媒体平台，根据各书院对应的专业方向，推荐相关的专业或科普类书籍，以推送形式投放，引导学生对各专业进行补充了解。

（4）其他专业选择支持工作

在社会层面，亲友结合自身社会经验，引导学生进行专业选择。

4. 体系运行方案

北航学院从建设目标出发，提出运行方案（如图 5 – 5 所示）。

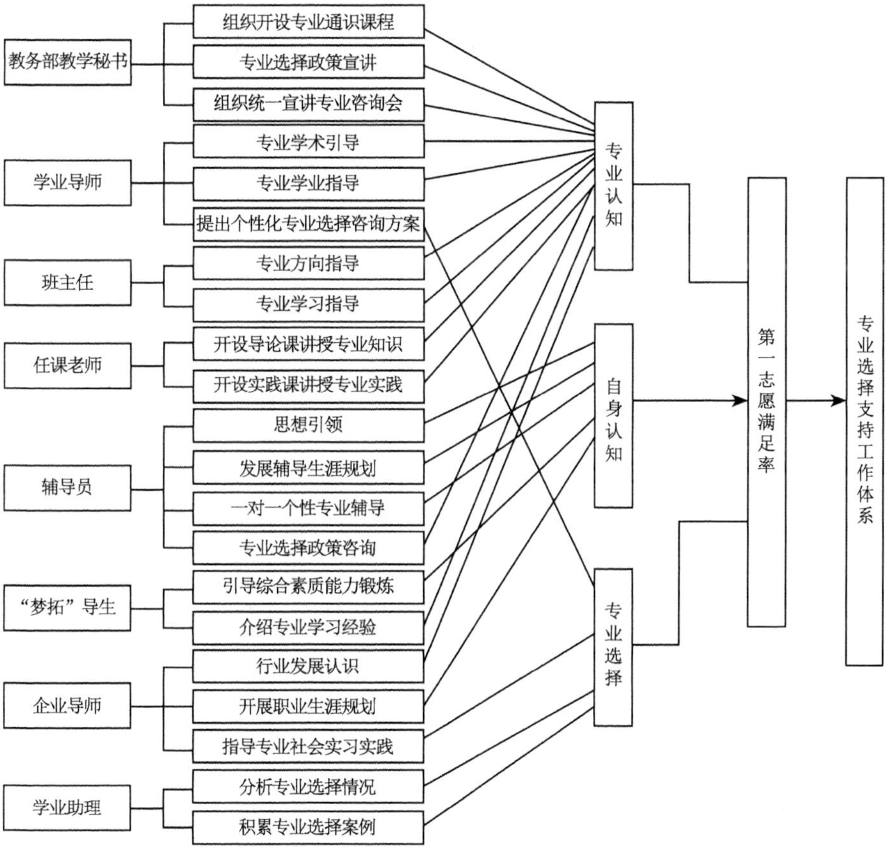

图 5－5　北航学院专业选择工作体系框图

5. 运行活动保障

专业选择支持依托北航学院及各书院、学院公众号开展宣传及信息互动工作。涉及的宣讲、学生座谈场地由各院系助理及教务处负责借用安排。专业选择具体工作在专业选择系统上开展。

5.3.6　全球胜任力综合提升—国际交流

《国家中长期教育改革和发展规划纲要（2010—2020）》中把扩大教

育开放单独列为一章，可见国家很重视教育中的国际交流与合作。当前我国教育中高校的国际交流与合作主要包括师生互换、学分互认、学者互访、合作办学、合作研究、学术会议等一系列方式和方法。可以看出，国际交流与合作是目前高等教育国际化的主要途径。

北航坚持国际化的发展战略，紧密围绕建设“空天信”融合特色的世界一流大学的战略目标，坚持“面向全球、定位高端、深化合作、引领发展”的指导方针，构建学校全球合作网络和平台，形成全方位、多层次、宽领域的对外开放格局，学校的国际竞争力和学术影响力也不断提升。

目前，学校与来自美国、法国、德国、英国、意大利、俄罗斯、澳大利亚、加拿大、日本、中国台湾、中国香港等 30 多个国家和地区的 185 所著名高等院校、一流研究机构和知名跨国企业建立了合作关系。一起合作创建了“中欧精英大学联盟”“中国西班牙大学联盟”“中国俄罗斯白俄罗斯大学联盟”“中俄工科大学联盟”等，加入了顶尖工科大学 T. I. M. E. 联盟（Top Industrial Managers for Europe）、国际宇航联合会等。学校充分利用这些双边和多边合作关系，围绕科研合作、教师交流、学生交换、联合培养、合作办学等多种方式开展了广泛深入的交流合作。下面以“士嘉全球行计划”（士嘉 GLOBE）为例说明。

1. 教学目标

“士嘉 GLOBE”从三个方面设定生涯规划课程的教学目标。一是知识，通过课程学习让学生了解不同生涯的走向及特点，从而清晰对待自己的现状，采取必要的措施；二是态度，生涯规划类课程能够激励学生树立积极向上的人生观、价值观，把自身与国际发展朝向相结合，积极应对国际化挑战；三是技能，课程中包含有各类职业特点的介绍、管理能力的培养、沟通技能等，都是学生自我技能的提升。总之，“士嘉 GLOBE”能够拓宽学生国际化视野，帮助学生树立良好的就业心态，正确定位职业方向和目标。

2. 课程建设目标及课程体系

我国从21世纪初开始重视通识教育，经过数年的建设与发展，目前各个高校几乎已总结出了适应于本科高校教育现状和教学特点的教育模式，即大力推行通识教育，并建立书院制教学体系，在书院内推行通识教育，进行“全人教育”。在开放的多元化社会环境中，跨文化交流能力是大学生成为“全人”的重要能力之一，通过建立书院制通识教育模式下的留学生涯规划课程体系，可以系统地提升学生的跨文化交流能力，满足学生的留学生涯规划和国家、社会对国际化人才培养的需求。

跨文化交流能力是书院学生国际化发展的重要能力。“士嘉GLOBE”课程建设目标同样是以培养学生的跨文化交流能力为目的，促使学生成为“全人”。如图5－6所示，跨文化交流能力受知识因素、心智因素、情感因素、情境因素四个因素的制约。针对四个因素，需要培养相应的能力，依次为语言能力、规划能力、文化能力和申请能力。

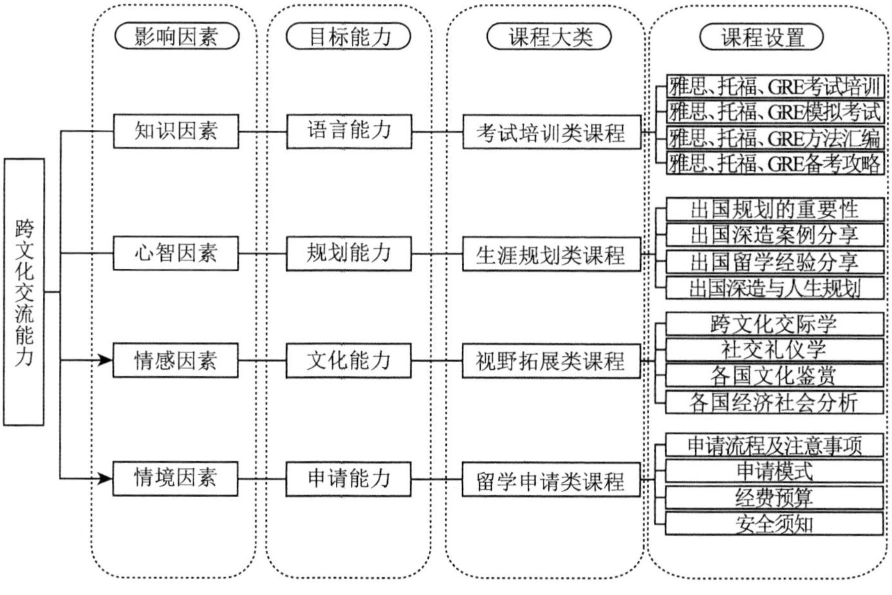

图5－6 “士嘉GLOBE”课程体系

语言能力可通过学习和考试来提升。所以针对这一能力开设的课程有：语言类考试培训、语言类模拟考试、语言类学习方法汇编、语言类备考攻略。语言关是重中之重，不论是考托福还是雅思，都是出国深造的前提，也是同学们最为重视的一类课程。通过模考让学生发现问题，找准定位，开设4个课时讲座授予学习方法，面向全体学生。

规划能力需要通过生涯规划类课程来提升，通过对不同案例的了解，慢慢厘清自己的留学计划。开设的课程有：出国规划的重要性、出国深造案例分享、出国留学经验分享、出国深造与人生规划。《礼记·中庸》中说“凡事预则立，不预则废”，规划类课程同样尤为重要。书院的学生都是大一新生，学生不懂或者并没有意识到关于未来发展的各种问题，所以，学习和生活都缺乏系统规划和统筹，等到大三反应过来时，已经浪费了大半的宝贵时间。因此，书院有必要开设规划类课程，使学生有目标、有方向地完成四年学业，奔着目标前进，大幅度提升成功概率。该类课程的形式多以讲座方式进行，安排2个课时，面向大一、大二的学生群体。

文化能力主要指文化视野，是留学生必须打开的知识面。因为不同文化背景的人们为人处世、说话习惯等不同，如果没有一定的文化视野，不利于出国深造。首先，要明白文化的多样性是一种客观存在。在人类的历史发展过程中，文化受到历史、政治和经济等多方面的影响，各个国家逐渐形成了不同的文化氛围，这就是多样性文化存在的必然原因，我们要以理解的态度，承认多元化文化存在的意义。其次，在国际交流场合中，要想做到得体交流，要了解不同文化的特色以及禁忌，同时也要尊重不同文化衍生出来的宗教观、价值观、风俗习惯等各个方面的差异。最后，了解不同的文化和价值观取向，可以有效地避免文化迁移、文化定式和逆文化迁移。在与国际友人沟通时，可以在传递信息前把自己置身于接受者的角度，思考如何合理表达；收到信息时，可以有意识地从发出者的价值观等背景产生共鸣，使沟通更科学。基于以上三点，需要让学生拥有国际化的视野，认识、了解、学习多元化的文化。开设的课程有：跨文化交际学、社交礼仪学、各国文化鉴赏、各国经济社会分析。该类课程以讲座、实训课两类课程开展，2 个课时，学生群体为大一、大二的学生。

情境因素是一种客观存在的情况。出国留学必须履行一定的手续，办理出境流程（如下图 5 – 7 所示），有了专业人士的指导可增大成功率。

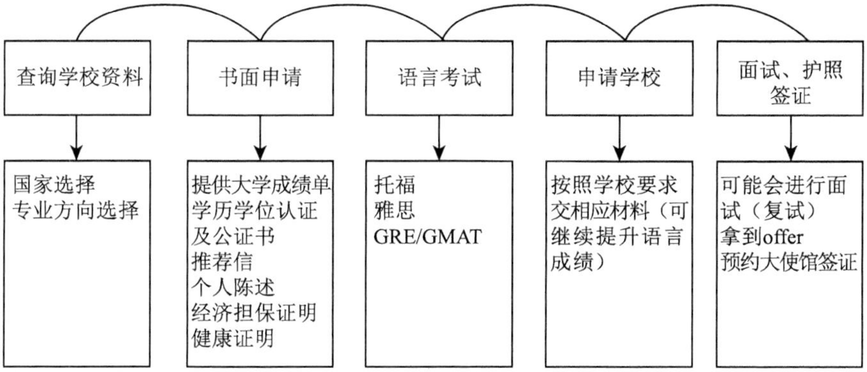

图 5 – 7　出境申办流程图

据图可知，出国出境申办流程环环相扣，较为复杂。针对这一情境，开设的课程有：申请流程及注意事项、申请模式、经费预算、安全须知。以讲座形式开展，面向大一年级的学生。

3. 课程运行机制

该类课程的运行依托书院的学业发展与支持中心。中心坚持“立德树人、学生为本”的原则，借鉴世界一流大学学业辅导工作经验，科学构建学生学业与发展支持体系，全方位服务学生成才。

（1）教学团队

教学团队是国内某知名留学机构的教师团队，采取校企合作的模式。校方为企业提供上课地点、学生以及课程方案；企业按照课程方案，制定系列课程，并与校方协商后，签订合作协议，按照课程方案，安排相应领域的专业老师到校授课，严格按照教学计划开展教学，将社会优质资源加工转化为学校课程。

（2）具体教学安排

根据每个阶段不同的教学目标，设置相应的教学安排（如表5－3所列）。主要分为四个模块，分别为生涯唤醒讲座、文化视野拓宽、语言能力提升与出境流程学习。教师将严格按照制定的课程安排进行授课，对标课程目标，安排教学内容。通过综合学习课程后，学生会逐渐提升跨文化交流能力，为将来深度参与国际交流与合作打下基础。

表5－3　留学生涯规划课程安排

模块	目标	教学内容	时间
生涯唤醒讲座	唤醒大一学生留学生涯规划的意识，吸引关注留学事项	介绍留学形式，分析留学案例，鼓励学生走出去，积极探索适合自己的留学生涯	校历第5周（2课时）
文化视野拓宽	分组编排生源，将不同留学意愿的学生归类分组，因人而异，拓宽相应区域的视野	根据学生意向国家进行分组，展示不同国家的文化特色	校历第6周（2课时）
语言能力提升	应对出国语言考试	按照模考成绩将学生分类教学，对标正规考试	校历第8周（4课时）
出境流程学习	辅助学生顺利出境	按照不同国家出境要求，满足不同类型的出境需求	校历第12周（1课时）

（3）课程评价机制

课程评价是课程设计当中的重要环节，但目前缺乏较为行之有效的生涯规划类课程的评价体制，已有的评价机制都是采取书面考试的形式，忽略了学习过程中的评价。科学的评价方式是把结果评价和过程评价结合，不但关注学后的效果，也在乎学习过程中每个学生的表现。当然，打造“评价—反馈—完善”的循环评价体系是最科学的。

“士嘉 GLOBE”的留学生涯规划课程，采用结果评价和过程评价结合的模式。其中，过程评价通过每节课学生的课后感悟体现。学生每节课都要通过数据平台提交本节课的收获，并对授课教师进行打分及提出改进意见。学生每次的课后反馈会记录在册，作为最终效果评价的参考依据。同时，书院教师会及时整理所有学生提出的问题，并及时与授课教师沟通，以改进课程不足之处，打造高质量课堂。结果评价将以当期学生的出国留学率以及语言能力考核成绩作为重要依据。将两者结合起来评价课程的授课效果，这样的结果也同样适用于授课教师的评价。

4. 课程改进方向

在当今高等教育体系中，学生参与国际交流合作已经成为高校人才培养的重要环节，学生出境交流已成为高校人才培养的新模式。但在“士嘉 GLOBE”计划中，也暴露出一些问题。未来将主要从以下三个方面入手，加以改进与完善，探索更多利于出国交流计划的措施。

(1) 定制个性课程，实现个性辅导

留学生涯规划因人而异，若能够为每个学生制定个性化的课程，将大幅度提升文化输出质量。为此，后续将集中不定期开展一对一小范围的交流咨询会，诚邀老师给予一对一的针对性指导，定制个性化的课程，重视每一位学生，尽量满足学生的个人需求。

(2) 开展项目实践，增强交流体验

在为学生提供相关课程的同时，也要多为学生创造各类国际交流项目的机会，让部分学生有机会先走出去，与不同文化背景的国际友人多交朋友，促进跨文化交流能力。因而，未来将拓宽资源渠道，进一步加强与国外院校的合作，让双方学生互相学习交流。

（3）完善评价机制，提高课程质量

后续将加强与企业的合作，进一步完善评价机制，更好地把控教师的授课质量。比如，将充分利用“互联网+”的优势，进行随时随地的二维码扫码评价机制，对每一位老师一视同仁，将话语权很大程度地交给学生，一起监督课堂质量，大大提高课堂质量。

5.3.7 学业与发展咨询规划——本科生导师制

本科生导师制是当前高校立德树人的一种创新性机制，与思政教育具有一种内在的契合性，利于整合高校的思政教育资源，保证思政教育的连续性，也利于对大学生做出更加具体的专业指导以及人生规划方面的指导，从而促进大学生全面发展，实现高校、导师与大学生共同体的进一步持续发展。

北航学院为本科生配备导师，以有效引领学生个性发展，加强班级的组织与建设，引导大一新生完成从高中到大学的转型。当前，北航学院七大书院都在贯彻落实导师制，下面以“士嘉导师团”为例，说明导师在学生成长成才中发挥的重要作用。

根据《学院导师制建设实施方案》《书院学业助理工作职责与管理办法》《北航学院士嘉书院总体建设方案》等方案的指示，为进一步落实好书院导师制，创办具有士嘉特色的导学活动，促进学生与导师的交流，帮助学生尽快了解各个专业的发展情况，更加准确把握学科专业发展动态和社会需求，尽快制定合理的大学学习规划乃至生涯规划，特制定以下方案。

1. 指导思想

贯彻落实北航学院有关“通识教育”“大类培养”“导师制”的相

关要求，将推动人才培养模式改革与学生个性化发展、多元化学习需求相结合。坚持以“学为中心”“学生为本”，三个课堂全面推进，打造拔尖创新的人才培养体系，以促进学生与导师互动交流为主要形式，满足学生在学习、生活和发展等多方面的需求，使每个学生都拥有符合自身个性化发展的培养方案。

2. 参与人员

士嘉书院大一年级本科生、学业总导师、书院导师群、执行院长、学业专职辅导员、学业助理、教学秘书。

3. 组织机构

士嘉书院学业与发展支持中心。

4. 分组流程

大一本科生按照限定名额选择制，进行导师选择。具体分组推进流程如下。

（1）公布导师信息

根据航空航天大类分配的导师名单，整理导师信息，并将所有导师信息分大班制作成导师信息手册（电子版）发给学生，同时通过书院微信公众号平台向书院全体学生公布导师信息。

（2）组织学生报名

学生根据导师信息及导师选择方案，通过线上报名通道线上报名，每个导师匹配6～7个名额，报满即止。由书院学业助理负责进行整理汇总。对未匹配成功的学生按照学生意愿进行调剂分配或放弃参与导师制活动。

（3）结果公布

学业助理整理分组匹配数据，并开通查询通道供学生和导师查询导学活动分组情况，组织学生报名导师小组长，并将小组信息同步到查询系统中。

（4）备案

将最终的匹配结果和参与导师制的学生名单报教学部备案。

5. 导学活动形式

（1）线下导学活动

根据导师工作要求，每两周进行一次面对面辅导。集体辅导由导学小组长负责与导师联系，确定时间和地点，并通知导学组其他同学准时参加。每次集体导学活动结束后，由小组长负责填写导学活动登记表进行记录总结。个人辅导由导师和学生确定时间地点，学生在个人导学活动结束后提交导学活动登记表。

（2）线上导学活动

根据学生分组情况建立导学小组微信群，以微信群的方式与导师进行线上交流。按照导师工作要求，每学期与每一位同学不少于一次的线上交流。根据双方时间安排，确定与导师线上交流互动的时间。

6. 导学活动内容

本科生导师制旨在充分发挥导师对本科生的思想引领、学术引导、学业指导与生活关怀等方面的作用，建立本科生全程化、全覆盖、个性化的学业指导机制，从而全面提升学生的综合素质。

（1）思想引领

导师要始终坚持立德树人的根本核心要求，以社会主义核心价值观为指导，加强学生世界观、人生观和价值观的教育，用其良好的思想政治素质和道德风范不断影响和教育学生，促使学生在学习科学文化知识的过程中，能够自觉主动提高自身的思想道德修养，提升自身的道德品质和思想境界。

（2）学术引导

导师要引导学生积极主动进行学术活动、科学研究、科技创新以及社会实践等多方面的活动，有意识地培养和提升学生的人文素养、查阅文献和信息检索的能力、社会实践的能力和科研创新的能力。同时，提倡有实验室条件的导师带领学生平时多走进参观实验室，指导学生多多参与科技创新竞赛，主动参与科研课题和导师科研项目的研发工作当中。

（3）学业指导

导师要坚持“以生为本”和“因材施教”的教育理念，帮助学生清晰了解书院的人才培养方案，更加准确地把握学科专业的发展动态和现代社会的需求。同时，根据学生的学习能力、兴趣以及个人爱好，为学生提供具有指导性、导向性和咨询性的建设性意见，从而更好地帮助学生合理选择专业方向。此外，导师要指导学生制定较为科学合理的学习计划，对学生选课、学习进程安排、发展方向选择、学习方法等多个方面进行指导建议，引导学生进一步明确学习目的，端正自己的学习态度，确立正确的成才目标，培养学生自主学习的能力。

（4）生活关怀

导师要关注学生的日常生活与心理状态，关心学生家庭经济情况、学习状态水平、人际交往情况以及感情生活情况等，并根据学生的不同问题进行针对性的帮助与指导；要及时发现学生在家庭、学习、情感等方面出现的突发情况，并向书院进行反馈。

7. 导学活动大纲

在士嘉书院学生学业与发展支持体系中，士嘉书院本科生导师制工作的开展从导师与学生的实际出发，聚焦于科研起步、生涯规划、社会责任三个维度的建设目标，努力打造师生学术共同体。

通过制定导学活动大纲，明确导师工作重点，提高导师在立德树人过程中的贡献率，将学生阶段性需求与导学活动内容相结合，推动人才培养模式改革与学生个性化发展、多元化学习需求相结合，为学生制定符合自我认知的大学学习规划乃至生涯规划，使每位学生都能够拥有较为符合自身发展的个性化培养方案。学业导师作为学业顾问，充分发挥自己在科研经验和人生经历中的优势，以导学活动为载体，参与师生互动，指导学生培养基础科研能力，开展专业生涯规划和树立回馈社会的理念，为学生选择专业和在专业深造的同时，实现更全方位的育人。

大一阶段学生面临的主要问题在于如何从高中的学习模式平稳过渡到大学学习模式，以及如何正确进行自我认知，理性选择符合自身特点的专业方向。因此，大一阶段的导学活动建议从以下几点出发。

①导学活动目标：科研能力认知、科研兴趣挖掘。

②导学活动重点：学习模式转变、科研起步、专业认知与选择。

③导学活动聚焦："冯如杯"（创意、创业、制作）大赛、数学建模比赛、大学生社会实践等。

④导学活动建议：根据学生的学习能力、兴趣、爱好，为学生提供指导性、导向性和咨询性意见，培养学生自主学习能力；指导学生在感兴趣的前沿科研方向或专业方向做调研、汇报、讨论、展示、交流等；指导学生组织团队参加"冯如杯"大赛、数学建模大赛、社会实践活动等；指导学生参加其他与学习和科研相关的项目。

大一上学期导学活动目标为学生的自我认知和学习模式转型；大一下逐步进行科研能力认知、科研兴趣挖掘。

对标导学活动目标，每个学期导学活动结束后，进行一次阶段性总结。其中，大一上学期，从 11 个专业学院中任选一个感兴趣的专业，做该专业发展历程和前沿方向的调研，形成一份调研报告，并用 PPT 汇报展示；大一下学期，选择自己参加的专业实践、科技实践、学科竞赛或社会实践项目进行汇报展示。此外，其他经导师和学生一起商量讨论的导学活动，经书院认定后，也可作为学期总结成果。

8. 活动保障

(1) 场地保障

士嘉书院专属场地（线上预约）有以下几种。

①士嘉书院活动空间“是家”有三个活动区域，其中洪堡最多可以同时容纳 1 组导学活动，圣因院和萨克逊堡每个时段可容纳 1 组导学活动。

②教 1－406 每个时段最多可容纳 2 组导学活动。

③国实 B607 小会议室，每个时段可容纳 1 组导学活动（士嘉、冯如共用）。

④其他场地（包括食堂、wings 咖啡厅、教室之家）等。

(2) 经费保障

所有参与导师制工作且考评合格的老师，将按照一定数量的课时标准计入教学工作量；入选国家“四青计划”的教师待遇按科研院相关政策执行。北航学院将为担任导师的教师颁发聘书、活动经费等必要资助，并对考核优秀的导师给予表彰及奖励。

(3) 人员保障

由学业总导师、执行院长、专职辅导员负责监督导师制的具体实施，学业助理负责导师制实施过程中所需要处理的事务性问题。同时，提供导学活动风采展示平台，对特色导学活动进行专题报道，集中展示导学成果，并总结经验，进一步改进和完善导师制和导师制方案。

5.3.8 深度辅导与思想引领——辅导员工作坊

高校辅导员制度是中国特色现代大学治理体系的重要构成，是高校落实立德树人的根本任务，是促进学生成长成才的一种重要机制。辅导员是开展学生思想政治工作的骨干力量，专职从事学生的思想教育和行为管理工作，是大学生思想教育的引路人。

北航学院同样积极贯彻落实全国高校思想政治工作的会议精神和《中共中央国务院关于加强和改进新形势下高校思想政治工作的意见》，按照学校思政工作会议部署，切实做好辅导员思想政治教育工作。现以“士嘉工作坊”建设方案为例，说明辅导员工作建设。

1. 总体思路

根据教育部第43号令《普通高校辅导员队伍建设规定》，思想理论的教育、价值引领、心理健康的教育和生涯规划等是高校辅导员的主要工作职责。为真正切实做好学生的思想引领工作，培养“具有高度的国家使命感和社会责任感，理想高远、学识一流、胸怀寰宇、致真唯实”的领军领导人才，士嘉书院着力打造“士嘉工作坊”，旨在落实辅导员深度辅导工作，切实增强辅导员与学生的心路交流，加强对学生的思想引领，引导学生不断坚定中国特色社会主义的道路自信、理论自信、制度自信、文化自信，牢固树立正确的世界观、人生观和价值观，掌握当代大学生的思想政治状况和行为特点，有针对性地帮助学生处理好思想认识、价值取向、学习生活和择业交友等方面的具体问题。

2. 组织机构和工作对象

“士嘉工作坊”的组织机构为士嘉书院学生工作办公室，办公室主任担任负责人，专兼职辅导员为工作人员，服务对象为士嘉书院全体学生。

3. 建设方案

（1）深度辅导谈话

①工作形式

工作的具体开展形式不限，时间地点也不受限制。比如，一对一、一对多或多对一谈话均可以。

②工作内容

辅导员日常定期联系学生开展深度辅导谈话，了解学生近期动态，包括精神面貌、家庭情况、学习情况、人际关系、经济状况、心理状态、近期关注的事情、个人发展规划等方面，并将具体谈话内容记录在《士嘉连心》手册中。

与学生结束谈话后，要了解学生身边同学（同宿舍或同班等）的评价，对学生有立体化的认识，并做详细记录。

根据谈话中掌握的学生思想状况，决定是否与学生家长进行沟通。如需沟通，将沟通的内容记录在手册中。

根据前面了解到的多方面情况给予学生一个客观的评价，记录其他需要说明的问题，判断学生是否有心理问题或不能解决的困难，是否需要向有关部门反映，是否需要进一步深度恳谈。

③工作要求

对于有心理问题或困难问题学生要定期关注，增加谈话频率，及时掌握思想动态。如有需要，谈话内容要以录音形式记录保存。

兼职辅导员要求在一学年内与所带班级内所有学生进行一次深度谈话。专职辅导员根据兼职辅导员的谈话反馈，定期选择特殊学生进行深度谈话。

（2）辅导员启蒙课程和交流活动

鼓励每位辅导员根据自己的爱好和特长开设一门启蒙课程或交流活动。由学生工作办公室提供专项资金支持。

①工作形式

工作形式不限，学习/科研经验交流、科技/社会实践经验交流、职业生涯规划、辅导员早餐、辅导员下午茶、读书会、书法社、文艺社、健身团（体育活动）等均可。

②工作要求

活动前一天将活动主题、方案和预算上报学生工作办公室主任。如需教室，请提前一周上报。

活动参与人数不宜过多，规模 20 人左右，具体人数由活动组织者决定。

活动期间有组织者负责活动过程记录（文字记录和影像记录）。

活动结束后将活动总结（文字）和经费决算交给办公室主任。

4. 其他

辅导员启蒙课程和交流活动需经书院公众号平台宣传。另外，活动期间需要通过公众号进行报名并统计人数。

5.3.9 学业分析与学业提升—学业研究

帮扶学习困难的学生以开展育人工作是高校的重要职能之一，关系到高校思政工作的实际工作成效。根据教高〔2018〕2 号《教育部关于加快建设高水平本科教育全面提高人才培养能力的意见》和中发〔2016〕31 号《中共中央国务院关于加强和改进新形势下高校思想政治工作的意见》的精神，当前部分高校构建了专门为学业研究的学业帮扶指导站，为开展学习困难学生的帮扶工作提供科学有效的实践思路，促进高校创建优良学风，提升人才培养的质量，从而加强高校思想政治教育的工作成效。以下以士嘉书院“AME 学业实验室”为例，介绍学业方面的建设工作。

为营造“爱学习、会学习、学习好”的良好书院学风，同时为了分析和把握大学学习规律，更好地指导和支持当代大学生学业学习，特成立“AME 学业实验室”，以学习态度（Attitude）、学习方法（Method）、学习效果（Effect）为着力点，倡导把学习当成一种社交行为，享受学习过程中的收获与快乐。

1. 组织形式

“AME 学业实验室”由士嘉书院学业与发展支持中心指导，由士嘉书院学生会学习部具体负责，下辖若干学业研究小组，如书院学习社区研究小组、大学课堂学习方法研究小组、大学课下学习方法研究小组、考期复习方法研究小组、学业支持有效途径研究小组、社交行为对学业效果影响研究小组、专业选择影响因素研究小组、学业困难学生帮扶研究小组等。其组织架构如下图 5－8 所示。

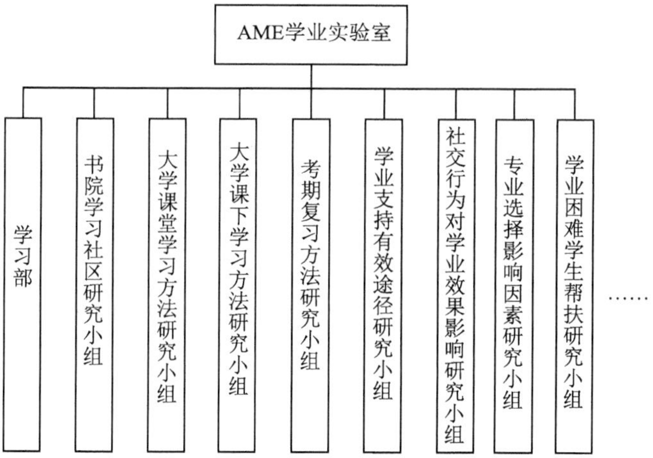

图 5－8 “AME 学业实验室”组织架构图

2. 实验室组成

（1）学习部

学习部具体负责“AME 学业实验室”的日常管理与运营服务，包括实验室建设经费和项目管理，以及各研究小组开展研究所需的支持、发表成果所需要的宣传等。

（2）各研究小组

各研究小组根据书院学业与发展支持中心的建设需求和书院同学们

的实际问题自发组织成立，以一个具体问题为研究对象，建议由指导老师指导开展研究，并将最终研究成果发布供书院同学思考借鉴，力争以点带面，解决书院同学在学习过程中遇到的突出问题，形成人人都“爱学习、会学习、学习好”的良好学风。研究小组由实验室负责组织答辩、条件支持、评优考核等。

3. 保障支持

（1）师资支持

充分依托书院导师、班主任、辅导员，以及校内外知名专家教授，为学业研究小组提供指导。

（2）场地支持

指定士嘉书院普朗特导学活动空间为“AME 学业实验室”的主要场地，并加强基本条件建设。此外，也鼓励各研究小组积极利用校级学业与发展支持中心等场地资源。

（3）资金支持

充分利用学业与发展支持课题、书院学业支持经费等，支持实验室的正常运营与各研究小组的项目经费。

5.3.10　综合素质能力测评—学业评估

制定士嘉书院综合测评方案，提高书院本科生的培养质量，鼓励和引导书院学生积极开展科技竞赛、学科竞赛、社会工作、德育和体育及文艺活动和各类社会实践活动，培养学生的创新精神和责任意识，从而提高其综合素质，丰富学生第二课堂建设。

对学生课内外情况进行较为全面的追踪，进行定期的总结分析、评优表彰，打造士嘉成长足迹。

详见附件 1《士嘉书院本科生综合素质测评条例（试行)》。

5.3.11 学业支持资源统筹协调—资源整合

为加强书院与专业学院的联系与合作，加强校内外兄弟书院建设经验的学习与交流，凝聚校内外资源投入书院建设，合力培育一流拔尖创新人才，北航士嘉书院从书院制建设实际出发，本着“立德树人，学生自主，众筹共建，优势互补”的原则，设立“士嘉共同体”计划。意在搭建合作平台，合力共建书院，以下特以北航士嘉书院为例，就书院与专业学院、校内外兄弟书院、书院与社会资源的交流与合作提出以下倡议。

书院与专业学院：优势互补，合作共建，搭建人才培养平台。书院通识教育与学院专业教育各有优势，书院有宽广的基础，学院有专业的师资，二者都对本科人才培养起着重要的作用。因此，书院和专业学院互为人才培养的递进环节。组织上，建立书院与专业学院不同层次的联席会议制度，统一思想认识，加强沟通协调。内容上，依托“士嘉大讲堂”和“专业学院日”等品牌工作，调动各专业学院资源拓宽学生视野，从专业知识的主题讲座、实验室的日常参观实践、实验室的项目实习等入手，将理论与实践有效结合，为学生提供了更为宽广的专业知识和视野；依托“士嘉训练营”，与各专业学院成熟的工作项目和团队合作，如党建工作坊、科技训练营、科技实践团队、社会实践团队、文艺体育社团等，加强学生综合素质锻炼，为学生提供各种更优质的锻炼机会。总之，需要充分发挥书院和专业学院的优势，既引进合作，又形成特色，在保障学生自主的前提下，为学生专业视野的拓宽和综合素质的养成搭建一系列优质平台。

书院与兄弟书院：相互学习，项目联动，搭建书院交流平台。由于教育实践不同等原因，校内外不同兄弟书院呈现不同的特点，但目的只有一个，都是服务于人才培养。因此，兄弟书院之间，应互相学习交流，相互借鉴建设经验，加强项目联动，整合优化教育资源，携手共进。组织上，建立校内外兄弟书院间合作交流的长效机制，如“两岸四地”书院制教育论坛、书院联盟、兄弟书院等。内容上，可以是书院教育主题的学习交流活动，学习借鉴经验；也可以联合举办书院特色活动，扩大影响力。

书院与社会资源：双方众筹共建，转化相关资源，搭建社会合作平台。社会实践也是人才培养的重要一环，积极吸引优质校友、企业、文化名人等社会力量参与书院的建设，将进一步拓展书院通识教育的内容，为人才培养提供更宽广的社会合作平台。组织上，规范社会合作的流程，制定社会合作的具体制度，为社会合作的开展提供相关制度保障。内容上，可以根据书院建设需求和社会力量特点，搭建不同的社会合作平台，如依托“士嘉大讲堂”开展文化进校园、校友进校园等活动，依托“士嘉训练营”开展企业进校园、学生社会实践、科技实践、企业实习等活动，依托“士嘉星光场”开展捐资助学、文化艺术培养等工作，充分发挥社会资源育人优势，弘扬社会正能量，助力书院人才培养。

5.3.12　新生适应性引导工作——发展规划

从高中阶段到大学，面对自己身份角色转换带来的适应性挑战，大部分大学新生都有不同程度的不适应表现。对当代大一新生开展适应性教育，为大一新生提供学习、生活等各个方面的指导，帮助他们能够尽快地熟悉和适应大学生活，为他们的大学生活开启一个良好的开端，为其后续人生的成长、成才打下坚实基础。因此，充分了解大学新生的特点，对大一新生做好适应性教育与引导工作具有重要意义。以下以本科生新生入学教育为例，说明新生适应性引导工作的具体建设。

本科新生的入学教育是对大学生进行大学教育的第一个重要环节，是大学生适应大学生活、感受大学文化、树立发展目标和塑造理想信念的关键阶段。

1. 指导思想

为深入贯彻落实全国高校思想政治工作的会议精神，紧密结合学校大类培养改革，围绕新时代大学生的特点和个性化发展的需求，强化思想引领、弘扬大爱精神，发挥书院优势、开展适应教育，推进移动互联、探索精准思政，优化服务供给、促进健康发展，全面推动入学教育工作的“供给侧改革”。坚持思想引领和成长服务相融合，学校层面与书院层面相融合，以生为本，立德树人，提高思政工作对人才培养的贡献度和学生的获得感，为引导学生成长为“具有高度的国家使命感和社会责任感，理想高远、学识一流、胸怀寰宇、致真唯实”的领军领导人才打下坚实基础。

2. 重点任务

（1）强化思想引领，弘扬大爱精神

①增强学生“四个自信”

党的十九大召开前后，利用学生党校、党建工作坊、“沙航论剑”党史知识竞赛等平台，举办了专题报告、学习研讨、参观展览等，分别开展了“砥砺奋进的五年”和“学习贯彻二十大 坚定信念跟党走”主题教育，增强了学生中国特色社会主义道路自信、理论自信、制度自信、文化自信。

②引导学生“四个正确认识”

提高新生的思想政治素质，引导学生正确认识世界和中国发展大势，正确认识中国特色和国际比较，正确认识时代所赋予的责任和历史使命，正确认识远大抱负和脚踏实地。在新生英才训练营、军训和形势政策课等过程中深化理想信念教育，邀请国家级相关领导和知名专家与学者为新生作思想报告。推进“文化润航”工程，开展好书荐读、专家导读、经典研读等活动，培养良好的阅读习惯。加强马克思主义理论的社团建设，带动新生主动学习与研究宣传马克思主义。

③弘扬“四爱”精神

把社会主义核心价值观和“四爱”精神教育一起融入大一学年当中。把握新生报到、开学典礼、军训、校庆等重要契机，举办专题报告会，组织学生观看《罗阳》音乐剧，组织“北航榜样”先进事迹宣传，开展“祝福母校微网文”“一人一句正能量”等微活动，积极培育中华优秀传统文化的精品项目。

（2）发挥书院优势，开展适应教育

①加强学业发展支持

依托学业发展支持中心，利用辅导员工作室、学业工作坊、“梦拓”计划等基础平台，统筹教学名师、科研人才、“青年千人”辅导员、校友导师等资源，为新生提供一般通识课程、个体咨询、团体辅导和在线互动等多样化支持服务。各书院要构建特色学业指导平台，帮助新生打牢学习基础、强化通识教育、引导专业认知，让新生拥有更好的学习体验。

②深化导师导心导学

各书院要配齐配强学业导师、驻院导师、校友导师和生活导师等，建立导师选聘和考核等机制，搭建“师说生动”师生交流互动平台，通过开展新生研讨课、名师恳谈、教授有约等方式，促进导师个体辅导、言传身教，在学识上指导新生，在生活上熏陶新生，在人格上引领新生。

③构建社区文化生态

各书院要通过创建读书研讨室、咖啡厅、党团活动室等共享空间，打造大师茶座、红色观影、学术沙龙等文化平台，师生共建思想政治教育、学生自主管理、社区管理服务等相关社区制度，推动校园文化进社区、导师导员进社区、学生组织进社区、公共服务进社区，形成社区文化育人生态，让新生通过社区文化感受润物无声的教育。

(3) 推进移动互联，探索精准思政

①推进移动互联行动

打造以“微言航语”公众平台为核心、书院（学院）微信公众平台为支撑的新媒体矩阵。抓住新生入学关键时期，重点推送“航者荣耀”“北航飞跃手册”“新生百问百答”“辅导员面对面”“出彩北航人”“悦读航站”等专题活动。举办网络文化节，开展微电影大赛、摄影大赛、微网文大赛、微动漫大赛等活动，并从中推选一批优质的校园网络文化作品，挖掘一批优秀的网络大咖，培养一批具有潜质的校园网络文化品牌。各书院（学院）要活跃表达方式，推动思政工作联网上线，引导学生理解认同学校领军领导人才核心素质、北航精神、书院理念、社区文化等元素。

②创建精准思政平台

依托学生大数据中心，实施画像分析、成长报告、舆情分析、趋势预警、智能推荐、关系网络等计划，为新生精准把脉，引领成长。在新生报到阶段，建设基于“微言航语”平台入口及“信息北航”技术支持的新生网上报到及数据采集平台。各书院（学院）要树立和坚持精准思政理念，在入学教育过程中做到精准感知、定量挖掘、全周期闭环育人，掌握学生的成长规律，科学服务学生的个性化成长。

(4) 优化服务供给，促进健康发展

①培育积极健康心理

依托积极心理体验中心，举办心理情景剧大赛，实施“心灵阳光”积分计划，开展团体辅导和素质拓展等深度体验活动，激励新生主动成长、健康成长。开展心理健康教育和咨询工作，举办幸福课堂、心理讲座，组织心理健康状况普查，建好北航版“解忧杂货店”，关注新生群体心理变化，做好重点人群心理危机约谈工作，防止出现危机事件。各书院（学院）辅导员在入学教育期间要与每名新生进行深度交流，掌握学生真实情况，明确学生实际需求，有针对性地开展工作。

②细化学生事务服务

建设好学生资助中心，做好家庭经济困难学生的资格认定工作，完善好学院或书院家庭经济困难学生的数据库，建立健全学校、学院、班级三级联动的学生资助反馈体系；统计分析学生消费数据，及时准确发现学生家庭、个人突发变故，切实做好精准资助、隐形资助；建立书院（学院）学生资助档案，避免重复资助，做到应助尽助。对接各职能部门，梳理与学生紧密相关的事务流程，构建好职能部门便捷高效、辅导员减负降压、学生满意度高的事务办理直通车机制。

③加强学生安全指导

组织学习教育部和北航《学生手册》等相关规章制度，加强考风考纪教育，引导新生诚实守信、遵纪守法；组织消防安全专题讲座、安全知识竞赛、观看安全教育纪录片等各类活动，加强对人身、财产、食品、交通等方面的安全教育；加强互联网金融知识的宣传教育，帮助学生更深刻地了解“校园网贷”的风险；加强马克思主义宗教观的教育，帮助学生提升辨别和抵御邪教的能力；加强禁毒宣传教育，强化学生远离毒品、珍爱生命的安全意识。

5.3.13 “梦拓”导生朋辈辅导——生活关心

为深入学习贯彻习近平新时代中国特色社会主义思想，贯彻落实全国教育大会精神，弘扬“空天报国、敢为人先”的北航精神，围绕学生、关照学生、服务学生，落实立德树人根本任务，形成学生自我教育、自我管理、自我服务的有效形式和长效机制，保障“梦拓”计划的高效推进和有效监督，特制定以下方案。

1. 工作定位与职责

“Mentor”在古代希腊神话中是指良师益友，译为“梦拓”，寓意为“圆大学之梦，拓大学之路”。“梦拓”由学生、校友等成员组成。在全体新生中实施“梦拓”计划，以二年级优秀学生为主，可根据需要适当选拔高年级本科生、研究生及校友等。“梦拓”计划是导生模式的一种拓展和创新（一般新生会称呼导生为“梦拓”，英文“mentor”），聚焦新生入校在大一学年的适应性问题，着力培养新生良好的学习生活习惯，为新生确立自身的发展目标和实现自主发展营造一种良好的环境和氛围。

2. 工作目标

（1）新生

帮助大一新生快速适应大学的学习生活，掌握大学学习特点规律，逐步形成正确的世界观、人生观和价值观，引导学生在大学期间尽早确立个人的综合发展目标，培养团队合作意识，学习并传承红色基因和“空天报国、敢为人先”的北航精神。

（2）“梦拓”

在与新生的交流中，培养“梦拓”的统筹规划能力、沟通协调能力，增强他们对大学生活的感悟，汲取新的学习发展动力。将“梦拓”计划中涌现出的优秀学生作为学生骨干和辅导员的后备来源，立足于培养未来领军和领导人才，提升学生领导力。

3. “梦拓”小组组成

（1）“梦拓”的选拔

各个学院或书院将在每年6月启动“梦拓”的选拔工作，以二年级学生为主体，面向全校公开选拔爱党爱国、甘于奉献、品学兼优的学生榜样担任“梦拓”。原则上，“梦拓”的学习成绩要求在年级排名前50%以内，同时注重在学业发展、创新创业、文体活动、社会工作、志愿服务等方面有特长的学生。要重视对“梦拓”骨干队伍的建设，充分发挥“梦拓”身份对学生的实践历练作用。

（2）组队方式

按照多元搭配方式，组建“梦拓”小组，建议每名“梦拓”带4~6名新生。各新生学院（书院）应结合自身实际情况设立公开透明的双向互选机制，以保障新生和“梦拓”实现按兴趣和需求的最优选择。倡导各学院（书院）利用网络信息化手段，优化互选方案，高效开展“梦拓”小组组建工作。

（3）多元化组队

探索跨专业、跨学科交流，推进不同学科专业的学生通过组建“梦拓”小组开展各类交流活动。鼓励各学院（书院）根据需求面向全校公开聘任“梦拓”。原则上，以各新生学院（书院）为主体组织实施，进行“梦拓”选拔、培训和考核，并监督经费使用。由“梦拓”所在学院提供相应支持，学院和书院相协调共同做好新生的培养和文化传承。

（4）“梦拓 PLUS”小组

丰富“梦拓+校友”的活动形式。学院（书院）根据新生成长需求聘任“校友梦拓”，人数应不少于学院（书院）“梦拓”小组的1/20（新生人数的1/100），聘期不少于一年。“校友梦拓”每学期至少应开展2次与学生的线下互动活动，发掘资源带领新生“走出去”，参与校外文化体验活动；返回母校融入新生，在校内开展发展规划交流。

4. “梦拓”计划实施

（1）聚焦新生适应

“梦拓”在新生录取后，会第一时间主动与新生建立起联系，并将全程参与入学教育活动中，引导新生尽快摆脱高考应试教育的定式思维，帮助他们尽快适应大学的学习生活；其次，以习近平新时代中国特色社会主义思想为指引，将北航的“四爱”教育贯穿到“梦拓”计划的全过程，使新生在思想和行动上逐渐向优秀的“梦拓”看齐，逐步明确自己的大学成长发展规划，培养团队协作的意识，传承“空天报国、敢为人先”的北航精神。

（2）增强文化体验

各新生学院或书院将根据不同的专业特点，将文化体验部分作为“梦拓”小组活动的重要考核内容之一，建议“梦拓”充分利用北京的文化资源，在课余时间主动带领自己的小组成员，以团队结伴出行的方式，参观一次博物馆、游览一次有文化底蕴的公园、欣赏一场高雅的艺术展演、寻访一次名人故居等多种活动，至少每星期一次。

（3）形成特色活动

各新生学院或书院在活动组织、交流互动等方面，建议围绕书院制以及学院的学科专业等展开，坚持人文与科技相结合，文化体验与学习适应、社会实践、志愿服务、科技创新、国际交流等有机结合，创新性地探索工作载体，并将实际情况与学生工作的传统内容有机结合，形成新的工作特色。

（4）探索网络化国际化途径

各新生学院或书院应充分利用信息化手段，把“群”“圈”“博”作为“梦拓”的重要工作载体，帮助新生解决实际困难。探索国际化环境下的“梦拓”计划工作模式，培养具有国际视野和跨文化交流能力的国际化“梦拓”小组。

5. “梦拓”计划考核

（1）过程记录

各新生学院（书院）应加强“梦拓”小组的互动交流，采用成长记录信息系统、填写工作手册和活动日志、拍摄记录视频等方式做好工作记录，积极引导新生参与计划活动，通过问卷调查等形式收集学生反馈，总结“梦拓”计划实施效果，及时调整工作思路和安排，确保工作质量。

（2）学年考核

新生学院（书院）在“梦拓”一年任期内，每学期进行阶段成果考核，在每年5月对“梦拓”小组进行学年评比，“梦拓”小组将一年的工作、学习、实践体验以PPT、演讲等形式进行展示和交流，对“梦拓”和新生分别组织评定，纳入综合考评体系。经新生学院（书院）审定，可对不称职“梦拓”进行解聘；对不参加“梦拓”计划活动的新生进行督导整改。

（3）总结通报

学生处根据各新生学院（书院）考评结果，在全校范围内宣传优秀“梦拓”典型，每年5月评选学校十佳“梦拓”小组；对考评为不称职的“梦拓”，向“梦拓”所在学院通报考核情况，由“梦拓”学院在当年评奖评优中予以体现并反馈；对考评不合格的新生，由新生学院（书院）在当年综合考评体系成绩中予以体现并反馈。

6. 条件保障

（1）学校

为“梦拓”小组的所有成员按每人每学期40元标准提供专项活动支持；每年在新生辅导员培训中加入“梦拓”计划专题内容；每年暑期

组织“梦拓”骨干培训班，促进“梦拓”计划科学化、专业化发展；为培训合格的新生“梦拓”统一颁发聘用证书。

(2) 各学院（书院）

“梦拓”计划的实行单位应配比不低于学校下发额度的经费，并监管各小组的经费使用情况；学院（书院）领导班子要高度重视“梦拓”计划的实施，党政联席会每学年至少专题讨论一次相关工作，明确配比提供的专项经费、场地保障等条件；新聘“梦拓”在上岗之前，应结合实际情况，对其开展不少于10个学时的岗前培训工作。

7. 组织领导

学生处负责统筹相关工作，制定工作规划，监督工作实施，组织经验交流，协调资源配置。各学院（书院）按学校统一安排，在学院党委领导下，制定各单位具体的实施计划和考核方案，开展具体工作。各学院（书院）学生工作负责人为“梦拓”计划工作的负责人，并指定一名辅导员负责“梦拓”计划工作的具体组织实施。

各学院（书院）成立专门工作组织机构，落实“梦拓”计划，学生工作系统与教学系统相结合，在每学期开学前开展专题研讨，制定学期计划，明确工作内容、时间安排及配套制度，更新学生信息，对“梦拓”进行岗前培训和系统性培养，对“梦拓”计划的实施全过程督导。

学生处组织各学院（书院）在每学期分别开展一次“梦拓”工作的进度汇报和成果总结，并不定期对相关工作开展情况进行抽查。

5.4 院级学业与发展支持中心有关实践成果

学业支持是帮助大学生掌握学习技能，提升高校人才培养质量的重要保障。近几年，中国各大高校纷纷着力推进学业指导相关工作。士嘉书院自2017年成立以来，在北航校级学业与发展支持中心指导下，建立了院级学业与发展支持中心，构建了完善的学业指导制度体系，积累了丰富的实践经验。基于此，书院组织工作团队，梳理归纳了近年来书院学业与发展支持中心相关实践工作，最终发表了2篇相关论文和1项教改立项项目。

具体论文和教改项目请参考附件4：论文1《新时代高校大类人才培养学业支持体系构建——以北京航空航天大学士嘉书院为例》；附件5：论文2《大类培养视域下本科生导师制的实践与探索——以北航士嘉书院为例》；附件6：教改立项项目《航空航天大类本科新生专业认知教育的研究》。

6　校院两级学业与发展支持中心协同机制

6.1　基于校院两级协同的大学生学业与发展支持体系构建

1. 背景分析

习近平总书记在全国高校思政会上提出高校要把握立德树人这个中心环节，必须牢牢把握全面提高人才培养能力这一主旋律。北航也明确提出要培养“理想高远、学识一流、胸怀寰宇、致真唯实”的领军领导人才。为此，作为新时代高校人才培养工作的重要组成部分，大学生学业与发展支持工作成为提高高校人才培养能力的核心工作之一。而基于校院两级协同的大学生学业与发展支持体系则为新时代大学生学业与发展支持工作提供了一种有效的智慧方案。

基于校院两级协同的大学生学业与发展支持体系，以学生学习为核心，统筹学校学业与发展支持资源，系统设计与规划，形成校级学业与发展支持中心、院级学业与发展支持中心以及学校管理服务部门协同的大学生学业与发展支持工作格局，为端正学生学习态度、锻炼学生学习方法、提高学生学习效果，养成“爱学习、会学习、学习好”

的优良学风奠定了基础。本案例以北京航空航天大学的学业与发展支持工作实践为例，系统阐述基于校院两级协调的大学生学业与发展支持体系。

随着社会经济的飞速发展，我们国家对高水平创新人才的需求日益提升，同时，信息化浪潮对传统教育体制和理念产生冲击，新时代人才培养也呈现出以人为本的特点，尊重个性化差异，探索精英化培养，打造全方位育人格局。一流的学生、一流的资源和一流的人才培养体系成为一流大学的重要组成部分。因此，在双一流建设的背景下，深化高校人才培养体系建设，打造一流的人才培养体系，成为体现高校办学水平、检验高校人才培养水平的重要标准。而教与学是一流人才培养体系必不可少的两方面，二者深度融合，相辅相成，共同作用于高校人才培养过程。“教”主要由任课教师通过标准的课程讲授的形式完成，形式相对单一，内容相对固定；而“学”则比较复杂，由学生个人学习能力和各种学业与发展支持活动共同作用。所以，构建一种高效的学业与发展支持体系，全面服务于学生学习过程，对于提升人才培养质量至关重要。

学生的学习能力是由学习态度、学习方法和学习效果三方面组成，而学业与发展支持体系的构建则以提升大学生学习能力为目标，统筹学校、学院各类资源，加以系统设计和规划，全面服务和引导大学生学习能力提升，全面发展大学生通用学习能力、专业学习能力，打造“爱学习、会学习、学习好”的优良学风。

2. 体系构建

本案例从北京航空航天大学的学业与发展支持工作实践出发，构建了一种基于校院两级协同的大学生学业与发展支持体系，如图 6 - 1 所示。

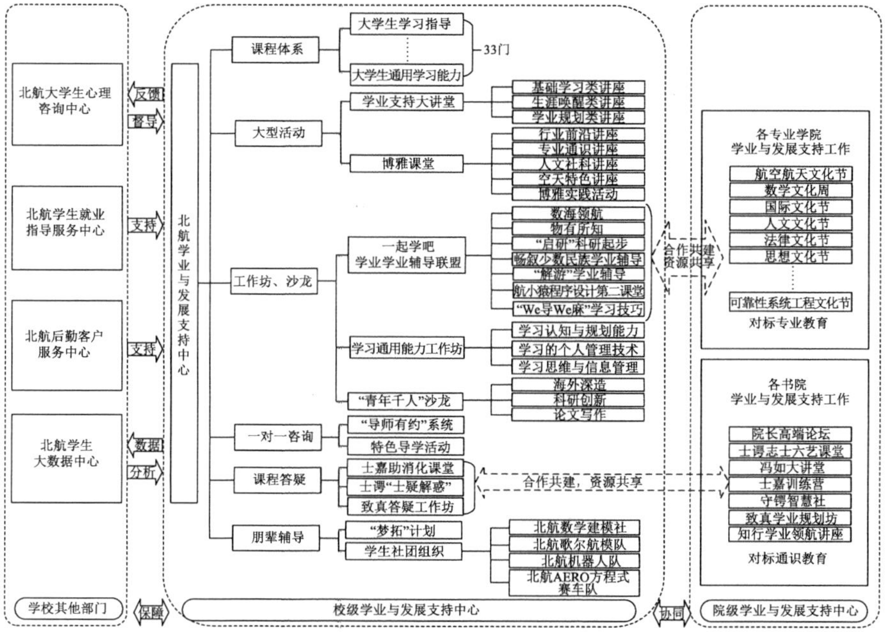

图 6－1　基于校院两级协同的大学生学业与发展支持体系框架图

(1) 校级学业与发展支持中心

校级学业与发展支持中心，重在专业化、职业化，着力解决难点，充分利用校内外资源，提高学生的学业支持能力和自身研究能力，站在学校的角度，参与学校人才培养改革，为书院一级的学业支持中心建设提供视野、政策、培训、考核，把握学校人才培养改革的方向并完善院级学业支持中心的建设。

北京航空航天大学校级学业与发展支持中心成立于 2017 年 11 月，较早地开展了大学生学业与发展支持工作的探索与实践，建设有通用学习能力课程体系、学业支持大讲堂等大型品牌活动、各类学业工作坊和主题沙龙、一对一导学咨询、课程学习答疑、朋辈辅导活动等品牌学业与发展支持活动，着眼服务于学生学习能力提升和学生成长发展，提升中心的学业发展服务能力；中心建设有“AME 阿米学业研究工作室”

和“Soft Landing 工作室”，聚焦于大学生学业研究和新生适应能力工作，重点解决大学生学习动力和新生适应能力两大问题，提升中心的学业发展研究能力；中心积极参与国内外学业与发展支持工作交流，邀请加拿大约克大学 Marilin 教授和清华大学谢维和教授做客北航介绍经验，组织参加 NACADA 国际学术会议、高校学生学习与发展工作研讨会、学业辅导国际论坛等重要学术会议并做经验交流，提升中心的学业发展交流能力。由此，校级学业与发展支持中心已具备较好的大学生学业与发展支持服务能力、研究能力与交流能力，有效地引领着北航学业与发展支持工作的开展，成为北航人才培养的重要智库，并为国内外学业与发展支持工作贡献了北航智慧和北航方案。

（2）院级学业与发展支持中心

院级学业支持中心，重在体系化、完整性、针对性，根据学生不同阶段学习特点和需求，从书院或专业学院人才培养实际出发，充分调动各方资源的积极性和创造性，构建一个完备、科学的学业支持服务体系。

北航院级学业与发展支持中心建设紧紧围绕北航“大类招生、大类培养、通识教育”的人才培养改革工作，分为书院学业与发展支持中心和各专业学院学业与发展支持中心。书院学业与发展支持中心对标通识教育，各书院紧贴学生学习发展需求，开设了院长高端论坛、士谔志士六艺课堂、冯如大讲堂、士嘉训练营、守锷智慧社、致真学业规划坊、知行学业领航讲座等一系列通识课程和学业品牌活动。专业学院学业与发展支持中心对标专业教育，各专业学院从学院文化特色出发，举办了航空航天文化节、数学文化节、国际文化节、可靠性系统工程文化节等特色品牌活动。院级学业与发展支持中心将学业与发展支持工作与学院和书院的文化特色结合起来，服务于北航低年级通识教育和高年级专业教育的开展。

(3) 学校其他管理服务部门

学校学业与发展支持工作的相关管理服务部门主要有大学生心理咨询中心、学生就业指导服务中心、北航后勤客户服务中心、北航学生大数据中心等。大学生心理咨询中心主要解决由学业与发展问题产生的心理问题，帮助大学生培养积极健康的心态，培养良好的学习态度；学生就业指导服务中心主要解决学生升学就业和职业规划的困惑，提供就业信息，组织开展就业教育、就业指导，引导大学生尽早开展职业生涯规划，确定自己的职业目标；后勤客户服务中心主要帮助解决学生学习生活中的服务问题，帮助大学生解决学习生活中遇到的设施保障问题，培养良好的学习习惯；学生大数据中心主要开展学业数据分析，帮助学业与发展支持中心开展工作决策。

6.2 基于校院两级协同的大学生学业与发展支持体系运行机制

6.2.1 运行机制概述

学业指导作为一项系统性、发展性的工作，需要各级部门积极协助、密切配合，从总体规划到分步实施再到执行落地，都需要一个完善的组织体系制度和合理运行机制。北京航空航天大学学业与发展支持中心于2017年在学校全面实施大类招生、大类培养、书院管理等人才培养模式改革的大背景下成立。自成立起，积极构建并推行了校院两级、多部门协同的管理体制改革，激发了学院的积极性、主动性与创造性，形成了权责统一、职责分明、目标管理、规范有序的运行机制。

从系统工程的角度来看，基于校院两级协同的大学生学业与发展支持体系是一个有机系统，系统中各个部门的协同配合为开展层次分明、目标明确的学业指导活动提供了有力的保障。目前体系的内在运行机制是以校级学业与发展支持中心为指导核心，针对学生的学习，各书院对应建立以特色学业指导为主的学业指导体系，结合通专结合人才培养理念，培养“宽口径、厚基础、高素质、强能力”的人才，本着加强基础、拓宽专业和提高素质的方针制定与设计书院的学业与发展支持工作计划，同时各书院并根据不同的学业阶段和学生需求，设置相应的学业指导环节，如临近考期时各个书院有针对性地组织开展考前串讲、学习方法指导讲座等活动，提供个性化、专业化的服务。此外，学业与发展支持中心还积极营造“学在北航”的学习氛围与文化，与书院、学院的学业辅导工作全面对接，同时与校级的积极心理体验中心、学生大数据中心、后勤等多部门协同合作，依托校级心理咨询中心、就业指导服务中心、学校后勤保障中心、学生大数据中心等平台，为校院两级联动合作创造沟通条件，如学生大数据中心能够实现各种学业信息的查询、学生学业辅导活动的组织和申请，便利了学生与书院、校级学业管理部门的畅通交流和互动。总之，学业指导工作需要各级部门协调配合，整合各级资源，明确各级职责，打造一个完整、系统化的校院两级协同管理体制模式与运行机制组织体系，以保障学业与发展支持中心的日常运行，更好地服务于各项学业工作。

6.2.2 通专结合的运行案例

“通专结合”课程教学模式是指：将管理学、心理学、文学、伦理学等人文学科知识贯穿到专业教学中，成为专业教学的环境、内容和亮点。在专业知识教授的过程中，潜移默化地完成通识教育，达到北航学院提出的“通专结合”的人才培养目标。

近年来，北航学院贯彻创新人才培养理念，把握立德树人中心环节，以关注学生成长为中心，加强基础教育，促进交叉培养，尊重学生选择，力求卓越教学，着力构建通专融合的课程和教材体系。通过大类招生和培养、拔尖人才培养、跨学科人才培养等方式，从不同层面构建通识教育和专业教育的培养体系。而基于校院两级协同的学业与发展支持体系运行机制为通专结合的实践教学体系的顺利实施提供了保障。以下以质量与可靠性专业实践教学体系设计与实践为例，说明大类培养背景下通专结合的人才培养体系。

为进一步深化大类培养通专结合人才培养模式的探索，2018 年北航学院与可靠性与系统工程学院联合发起成立质量与可靠性专业教育联盟，对标飞行器质量与可靠性专业人才四年全周期成长，以实践教学为抓手，探索通专结合模式下的人才培养模式和校企协同的人才培养模式。实践教学体系划分为社会实践（行业认知）、社会实践（行业实习）、生产实习、毕业设计四个阶段，如下图 6－2 所示。

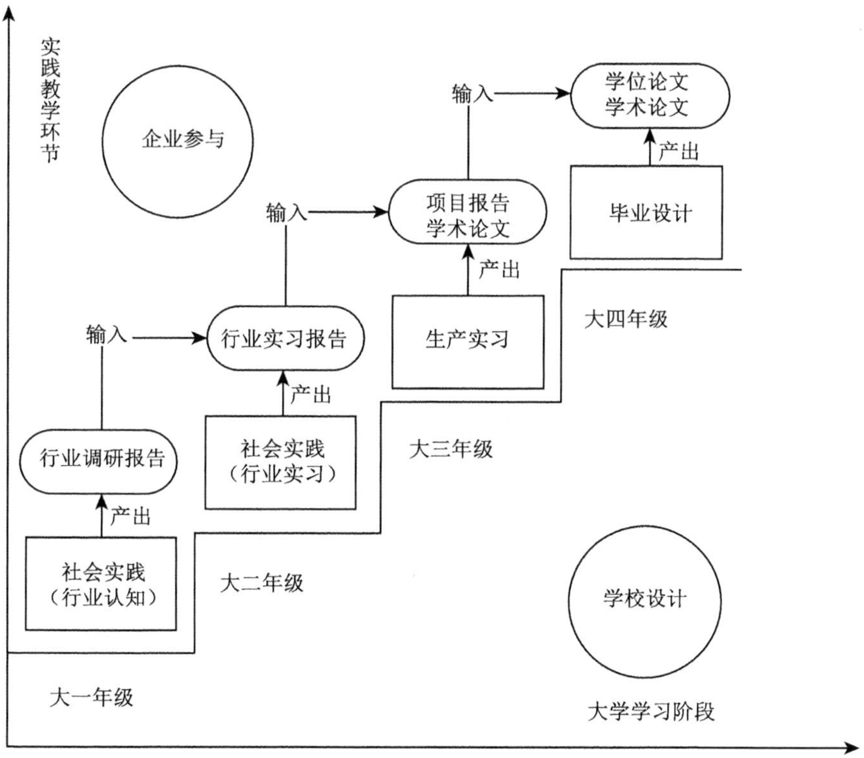

图 6－2　实践教学体系图

1. 社会实践（行业认知）

行业认知课程，主要针对大一年级学生，在暑假期间开展。主要内容为走访国防工业和国民经济质量与可靠性领域的企事业单位，了解各行业质量工作落实情况，记录行业调研情况，形成文字报告，为后续课程学习打下良好的实践基础。

2. 社会实践（行业实习）

行业实习课程，主要针对大二年级学生，也是集中在暑假期间开展。主要是在大一行业认知的基础上，根据学生的兴趣和未来的发展方向，深入某一行业的企事业单位开展短期的实习工作，近距离了解质量工作在该行业的开展情况，了解质量与可靠性专业人才在该行业的职业生涯规划，书写行业实习报告，为后续课程学习做好铺垫。通过行业实习课程的学习，可以让学生对某一感兴趣的质量行业的职业生涯规划有一个纵向了解，为将来的专业学习和就业发展打下基础。

3. 生产实习

生产实习课程，主要针对大三年级学生，集中在暑期开展。此时大三年级学生在校内课程方面已经完成了所有基础课程的学习和专业课程的学习，也通过本科低年级校外社会实践课程的学习对质量行业有了相当的了解，所以需要深入到某一质量行业企业参加一个具体的项目，将校内理论知识运用到实践锻炼中。因此，生产实习课程是质量与可靠性人才培养中理论联系实践最为重要的一环。通过生产实习课程的学习，学生需要在学校导师和企业导师的指导下，深入企业产品设计生产一线，完成一个项目，提交项目报告，并进一步凝练提升撰写学术论文等，锻炼工程实践能力，为后续就业发展打下基础。

4. 毕业设计

毕业设计课程，主要针对大四年级学生，同时也是飞行器质量与可靠性专业人才培养中最后一个环节，在大四利用一年的时间来开展。学生通过进入企业或者专业的科研课题组，完成一项专题研究，从而达到提升科研创新能力的目的。如前图6－2所示，基于校企协同育人的毕业设计课程，将毕业设计与企业需求紧密结合，面向质量与可靠性行业企业征集课题，或直接将生产实习工程实践中遇到的研究课题转化为毕业设计，由学校导师和企业导师双重指导，让学生在开展科学研究的同时，也能促进企业问题的解决，进而获得校企协同互赢。在毕业设计课程中，学生需要完成一个课题的研究，并提交学位论文，在此基础上进一步凝练发表学术论文，提升个人科研动手能力，为后续进入研究生阶段的学习打下基础。

6.3 基于校院两级协同的大学生学业与发展支持体系运行效果

北航学业与发展支持中心运行一年来，系统推动校院两级协同的大学生学业与发展支持体系的运行与实践，取得了丰硕的成果。

第一，系统地整合和优化了各类学业与发展支持资源，形成育人合力。中心系统整合了学校相关管理服务部门和各书院专业学院的学业与发展支持资源，围绕大学生学业与发展能力提升这一核心系统开展工作，服务于北航领军领导人才培养。中心设有专职工作人员2名，兼职工作人员6名，聘请校内专家教授、一线学生工作教师、“青年千人”辅导员、海外知名专家学者、各行业知名校友近百名，担任学业发展导师；聘请各学院、书院的优秀学子14名，担任朋辈辅导师，形成了专业的学业与发展支持工作队伍，为学业与发展支持工作的开展打下了坚实的基础。

第二，精准地打造了一系列学业与发展支持品牌活动，助力学业发展。中心聚焦当代大学生学习的特点、问题和需求，整合校内外资源，创新设计并开展了一系列卓有成效的学业发展支持活动。

“梦拓”朋辈学业辅导计划，通过生动活泼、学生参与感强的活动形式重点加强新生入学适应性辅导，基本实现一年级全覆盖。2014 年至 2023 年 1 月，共选聘“梦拓”7411 人，参与新生 3.3 万余人。大学生学业规划工作坊，围绕大类招生、大类培养引导学生开展自我认知、专业认知和大学学业规划，举办 4 次生涯唤醒报告、开设 6 个小班，累积参加工作坊学生人数近 500 人。《大学生通用学习能力》课程，从认知与规划、个人管理、思维训练三个维度帮助学生认识自己的学习风格、学会怎样去学习，已开课两个学期共 4 个小班，参与人数约 80 人，线上直播累计观看 2984 人次。“青千十月谈”由“青年千人”辅导员带来主题多样化的翻转课堂，已举办 7 场，线下参与 140 人，直播累计观看 2031 人次。“博雅课堂”涵盖行业前沿、专业通识、空天特色、人文社科相关的主题，截至 2019 年已经举办 1458 讲。午后课程点心，由专业课老师为同学们讲解重要知识点和考试复习方法，已举办 4 讲，直播观看人次累计 5906 人次。一对一咨询，由学生通过“导师有约”系统发起预约，相应导师解答同学的学业困惑，上线两个学期预约量已达 109 单。朋辈辅导师通过线上直播进行学科答疑，已开展包括数学分析课程、托福备考、计算机课程等不同学科主题答疑共 28 讲，累计观看 2.8 万人次。

第三，全面地提升了学业与发展支持工作的影响力，构建长效机制。经过努力和积累，中心获评“北京高校学业辅导示范中心”，并积极参加 NACADA 国际会议、大学生学习与发展研讨会、学业辅导国际论坛等，交流学习学业与发展工作经验，为国内外高校学业与发展支持工作的开展提供北航智慧和北航方案。

随着国家和经济社会对高素质人才的旺盛需求，以及新时代大学生个性化成才的迫切需求，大学生学业与发展支持工作已被越来越多的高校所重视，已慢慢开始上升为一门可以研究、可以实践的科学和技术。

基于校院两级协同的大学生学业与发展支持体系，从北航领军领导人才培养的实践出发，全面服务于“理想高远、学识一流、胸怀寰宇、致真唯实”的领军领导人才培养，同时也为国内外兄弟高校学业与发展支持工作的开展提供了一种有效的途径和可行的方案。

基于校院两级协同的大学生学业与发展支持体系仍需要结合高校的人才培养实际和时代需求不断完善，未来主要有两方面需要进一步加强。一是研究提升，需要进一步结合教育教学理论加强对大学生学习机理的研究，深入了解学生的学习过程；需要进一步结合信息化技术加强对大学生学习数据的研究，全面掌握学习的学习状态，为完善学业与发展支持体系提供参考。二是工作落地，未来需要建设一个线上线下相结合的学习社区，以人为本，以知识为核心，突破学习时空的限制，实现人与知识全方位的高校互动，积极吸引大学生参加学习过程，进一步优化现有的学业与发展支持工作体系。

总之，学业与发展支持工作是人才培养中关键的环节，构建一个系统高效的校院两级协同的大学生学业与发展支持体系有利于提升学生的学习能力，引领新时代大学生成长成才。相信在各高校的共同努力下，学业与发展支持工作一定会上升为一门科学，成为一门技术，进一步提升高素质人才培养的质量和水平。

7 北航大类培养学业与发展支持工作展望

7.1 学业与发展支持工作上升为一门科学

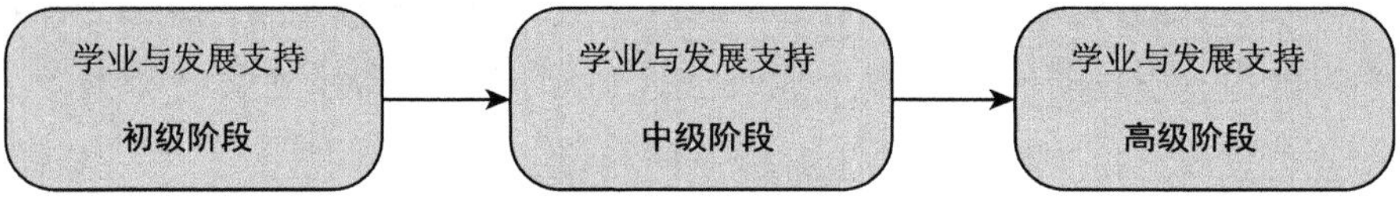

图 7－1 学业与发展支持工作的三个阶段

高校学业指导作为我国高等教育一个崭新的发展领域，既有广阔的发展空间，也需要不断探索凝练丰富其核心内涵、健全完善工作体系、挖掘实证其核心价值和意义。面向未来，高校学业指导会有怎样的发展？

结合当前我国学业指导工作开展的实际情况以及北航学院开展学业指导工作的实况，展望并希冀高校学业指导能够上升为一门科学，针对课程不断开发研讨，丰富完善课程内容，构建有广度、有深度、有高度的学业指导课程体系，成为指导学生学业的独立科学课程。如图 7－1 所示，从过去“学校有什么，学生学什么”的“学业发展指导初级阶段”，积极向需求出现后被动应对解决的“学业发展指导中级阶段”发展，并在未来，发挥大数据等新技术在学业与发展支持中的应用，使学业与发展支持精准化，学涯规律“量化”，从海量数据中抓取、筛选、匹配、分析学生个体特点，精准化推送和指导学生发展指导相关内容，发展成为符合新时代需求的“学业发展指导高级阶段”。

1. 学业与发展支持初级阶段

在初级阶段，以“学校有什么，学生学什么”为核心特点，缺乏对于学生需求的关注。立足于学校资源开展教学，内容范围十分有限，在广度上大幅受限，不利于学生的多面发展与多维指导。

2. 学业与发展支持中级阶段

在中级阶段，以“解决需求，追赶前进”为核心特点，处于被动的指导地位。学校资源虽然在随着学生诉求的不断提出而进步，但仍处于追赶状态，在深度上大幅受限，无法为学生提供更长远的支持。

3. 学业与发展支持高级阶段

在高级阶段，以“数据分析，精准研判”为核心特点，符合新时代的发展需求。立足于大数据时代，通过对海量数据的筛选分析，对学生个体进行全面指导，精准研判学生需求，把握教育发展方向，为学生提供及时有效的指导信息。

北航学院建院以来，不断完善学生的信息数据库，不断精进对学生的个体化分析指导，因地制宜建立学业与发展支持工作体系，并不断完善升级学业与发展支持工作，更好地为学校人才培养服务。

7.2 由基础工作到提升工作

目前，北航学院在学业与发展支持工作方面已经取得一些成果，但仍有提升空间，尤其在制度建设方面有待进一步规范完善，后续可建立分科式学业指导、导师制生涯指导、辅导员成长指导等制度，以期在基础工作上得到进一步提升。由基础的解决大学生学业问题，提升到解决大学生的生涯规划问题和思想成长问题，全员全过程全方位地为大学生学习成长服务。

1. 分科式学业指导——解决直接学业问题

分科式学业指导是指按照学科与课程的不同对学生进行课程学习指导与专业认知指导，此项内容应交由各任课教师负责。原因在于任课教师对于自己所教授学科的内容、大纲、重难点等较为了解，是最合适的人选。当前，各任课教师通常是“上课来，下课走”，与学生的交流相对较少，缺乏对学生在课程学习和专业认知上的指导。任课教师可以通过以下方式，开展分科式学业指导。

一方面，在正式授课之前，基础课教师［如大学英语、工科数学分析（1）、大学化学、思想道德修养与法律等基础课程教师］应向学生明确本课程的学习目的及对于学生长远发展的影响，使学生加强对课程的重视。在课程讲授过程中，任课教师应尽量采用启发式、研讨式等教学方法，让学生拥有独立思考的时间与机会。大学教师不仅仅是学校中的一员，更是社会的一员，应当使学生认识到他们所学知识的社会价值，并向学生介绍这种知识的使用手段。因此，除课程知识传授外，任课教师更应“授之以渔”，如英语单词记忆技巧、工科数学分析（1）中的解题技巧，使学生在收获知识的同时，掌握学习方法和思维方式。课程讲授结束后，任课教师应多与学生进行沟通交流，了解学生在课程学习中存在的问题、对教学内容的建议，更好地促进第一课堂教育功能的实现。大学英语、工科数学分析（1）、大学化学等课程是高校学生挂科率较高的课程，任课教师可以对“挂科”学生点对点开展补习工作，帮助他们掌握课程中的知识点。

另一方面，在学生专业学习阶段，专业课教师应因材施教，针对不同学生，帮助制定调整计划与目标，对学生各方面的发展进行指导，使其多维度协调发展。第一，专业课教师应向学生全面介绍本专业的学科背景与研究范围、特色与优势、性质与定位以及发展前景等，使学生对自己所学专业有充分的了解。第二，在授课过程中，尤其是实践类课程，专业课教师应教导学生学以致用，强调所学知识对于未来发展的作用。这样的教学内容贴近学生的实际需求，能够吸引学生的兴趣，达到良好的教学效果。第三，专业课教师应指导和帮助学生参加科技活动或社会实践活动，为学生就业提供指导，使学生为未来的职业夯实基础。根据美国“国家大学生投入调查”（NSSE）2007 年的网上调查结果显示，一些参加过特定活动或课程的学生比没有参加过的更容易获得成功。

2. 导师制生涯指导——解决大学生涯规划问题

随着高校逐步走向学分制，本科生导师制越来越受到重视。当前我国高校大都实施了本科生导师制，各种导师制方案纷纷出台，但在实施过程中却存在名不副实的现象，一定程度上存在着“形式主义”的问题，主要表现在：有方案而无保障；学生过多，难以周全；师生关系疏远；指导频率低等几个方面。本科生导师制甚至在一定程度上对辅导员的工作产生了冲击，究其深层次原因在于对导师的职责规定并不明确，管理并不科学。从大学生生涯指导的角度出发，高校应建立全程导师制，并制定科学的管理办法，促使导师做好生涯指导工作。

第一，做好导师聘任工作。导师聘任主要包括聘任条件和聘任程序两个方面。聘任条件：面向全体教师和管理人员招聘，要求长期在高校工作，责任心强，有丰富的专业履历，了解专业背景和发展前景，热心大学生生涯指导工作，熟悉本专业学生的培养计划和特色。聘任程序：由个人自荐或学院推荐，由学校专门的指导机构和指导人员进行审核，举办聘任仪式，颁发导师聘书。导师制建议实行四年一聘，如聘期内导师或学生出现矛盾，可以由导师或学生提出申请，经审批通过可更换配对导师。

第二，明确导师职责工作。导师的职责主要有：①指导学生选课；

②帮助学生了解自己；③指导学生的生涯规划；④培养学生的多方面能力；⑤对有意向转专业的学生进行针对性指导；⑥协助学生解决日常问题；⑦记录每次指导内容。

第三，明确导师薪资待遇。每个导师每学期带一个学生计为 6 个学时的教学工作量，由学校有关部门根据教学工作量津贴标准和导师指导学生审核结果予以发放。

第四，确定导师考核流程。在考核方式上，采取自我评价与他人评价相结合的形式，分为导师自评、学生评价和学院考核评价。其中，导师自评和学院考核评价各占 20% 的比重，学生评价占 60% 的比重，导师最终的考核分即为各项之和。因为学业指导的最终受益者是学生，只有他们的评价占比大才能体现考核的客观性和公平性。在考核程序上，建议导师在学年末进行工作总结，上交学业指导工作记录，由学业指导中心人员进行联评，给出学院考核评价分，最终计算得出导师考核分。考核结果分为优秀、及格、不及格三个等级，对考核结果达到优秀标准的导师给予物质奖励，并颁发荣誉证书；对不及格的导师予以辞退，重新甄选合适的导师。

3. 辅导员的成长指导——解决思想成长问题

辅导员是大学生最直接的教育者，对学生的思想品德、学习成绩、性格特征、心理特征、现实表现、家庭环境、社会生活环境等各方面都较为了解。多数辅导员由于与大学生年龄相仿，接触比较频繁，可以经常走进宿舍，参加学生的活动，以学生比较常用的网络媒体方式，如短信、QQ、微博、微信等与学生沟通，帮助学生解决实际问题和困难，能够使学生对辅导员产生一种亲近感和信任感，对辅导员开展学业指导工作十分有利。此外，高校在招聘辅导员的过程中都较为尊重各学院的意见，而各学院比较倾向于具有相关学科、专业背景的人才。相关专业背景对辅导员开展大学生学业指导工作来说，也是一个十分有利的优势条件。辅导员可以将自己学习时的经验传授给学生，也可以在就业方面给予学生一些指导。

辅导员作为一名教育者，应加强对学生自我成材意识的培养，使学生对成才所必需的知识、能力、素质有一个全面的理解。辅导员自身日常事务性工作较多，在学生学业指导中的职责主要有以下几项：①不定期抽查学生的出勤率和迟到、早退情况；②指导学生学会管理和利用学习资源；③对某些学生不正确的、不健康的学习心理进行干预纠正；④指导学生树立正确的大学学习观；⑤强化和提高大学生的学习动机。以上几项工作职责，都与辅导员对学生的日常管理和事务性工作联系比较密切，因此，可以按照高校原定的辅导员考核标准对辅导员学业指导工作进行考核。

辅导员应从以下几点着手，做好大学生学业指导工作。第一，辅导员要树立“以生为本”的教育理念，加强正面情感的调和作用，通过学生能够接受的方式教育和管理学生，建立和谐、融洽的师生关系。第二，辅导员应及时关注学生思想动态、学习状况等，对思想状况不好，学习成绩不佳的学生，及时做好疏导和引导工作。第三，辅导员应加强学生出勤情况的检查，经常深入学生宿舍，在点点滴滴的工作中帮助学生养成良好的学习习惯，指导学生合理、充分地利用时间和学校的各种资源。第四，定期举行座谈，多与学生沟通交流，有助于了解学生的学习状况和真实想法，充分了解学生在学业发展过程中遇到的问题，并及时解决，以促进学生的学业发展。第五，引导学生开展各类学习活动，以有趣的学习活动代替娱乐活动，增加活动的教育意义。第六，辅导员自身应加强专业知识的学习，加强辅导员工作理论的学习，加强学业指导理论的学习，注重总结实际中的学业指导经验，提高自身的学业指导水平和素质。此外，大一辅导员应密切关注新生的校园适应性问题，及时发现新生在学习、生活、经济、人际关系等方面存在的问题，并采取一些干预措施。

7.3 由经验推动到科学指导

北航学院在校级学业与发展支持中心的统筹安排下，积极开展学业指导工作，但各个书院因实际具体情况不同，学生发展指导工作在各书院、学院和高校专业化与实施情况存在差异，致使部分学生得到的学业指导不全面。此外，学业指导工作仍处于探索实践阶段，需要积极吸纳先进经验，使学业发展指导工作走上舞台，发出声音，从而实现学业与发展支持工作的科学化、职业化。

1. 构建大学生学业指导队伍体系

指导人员的素质与数量是大学生学业指导体系能够成功运行的关键所在。任职学业指导的人员应具备以下条件：正确的教育观与人才观，较高的思想政治素质，能够发扬教书育人的敬业精神；了解本专业的培养目标，熟悉本专业教学计划及全部培养过程，具有专业学习指导能力；有高度的责任心，因材施教，关心学生的成长成才；与学生平等相处，尊重学生人格；熟练运用现代教育手段，能运用多学科知识引导学生。我国高校符合上述素质要求的指导人员比较匮乏，这必将影响到大学生学业指导工作的全面开展。因此，应不断扩充学业指导队伍来源，提升人员素质和指导水平，构建从高校校领导层到优秀高年级本科生共同参与的大学生学业指导队伍体系，使学业与发展支持工作职业化。

2. 组建大学生学业指导专业机构

为解决资源断层，信息不畅的缺陷，下一步可尝试总结经验，进而科学地指导学业发展工作。比如，总结各种学生类型所需要的学业指导服务，积极与其他大学的同行人员交流，从而建立行业协会，抑或结成联盟，或者在校内成立教育研究机构或在校外成立全国性机构研究会，完善学业工作，这样才能持续提高各种类型大学生的学习效果，从而进一步得到学生的满意评价，促进学生成长成才。在不久的将来，更要大踏步前进，成立关于学业指导工作相关的全国性研究组织机构，将各类平台资源有机结合共享，合力将中国学生发展指导工作向着专业化、系统化迈进。

3. 推动大学生学业指导课程体系建设

当然，未来高校学业发展与支持工作，有望被纳入高校学培养大纲，进入课程体系，科学参与学业指导，即分别从学生培养、教师培训两个角度搭建学业指导进入教学体系的途径，从而实现学业指导走向教学育人的目的。同时，通过专职、专业化学业指导的人员队伍、组织机构、工作机制与工作体系，为学生的成长与发展提供支持与服务，成为与心理辅导、生涯辅导并驾齐驱的综合服务。

总之，当我们将学业指导与学生成长成才有机结合在一起时，就更有可能为学生提供更加全面系统的支持，并促使学业指导最终成为大学教育当中更加重要的组成部分。

附件1　士嘉书院本科生综合素质测评条例（试行）

士嘉书院本科生综合素质测评条例（试行）

2018年3月17日

总　则

为进一步提高书院本科生培养质量，鼓励和引导学生积极开展科技、学科竞赛、社会工作及德育、体育及文艺活动和各类社会实践活动，培养创新精神和责任意识，提高综合素质，成为德智体全面发展的综合性人才，参照《北京航空航天大学本科教学计划奖励分管理条例》、《北航德育奖励分管理（试行）》和《北航体育奖励分管理（试行）规定》，结合我院实际情况，特制定本条例，并于公布之日起开始实施。

第一章　组织机构

书院成立本科生综合素质测评工作领导小组，负责对该条例进行制定、修改，对具体评分工作开展进行监督和审核，并且对本条例拥有最终解释权。综合素质测评条例由书院院务会审核通过和对外发布。本科生综合素质测评工作领导小组成员组成如下。

组长：书院执行院长。

成员：书院专职辅导员、书院学业助理、书院事务助理、书院半脱产辅导员。

第二章　评分过程

评分过程以公平、公开、公正为原则，分为学生申报、信息审核、集体公示、书院认定四个环节。

（一）学生申报：所有本科生应根据条例规定，应当于每学年初在指定期限内填写申报材料，并提供相关纸质证明材料以备审核，申报截止后不得更改申报内容。

（二）信息审核：综合素质测评工作领导小组负责组织专人对学生申报内容以及提交的证明材料进行审核，并将审核通过的申报项目记录在案。

（三）集体公示：经过综合素质测评工作领导小组审核无误后，将对学生申报信息进行集体公示，公示期为 5 天，公示期内任何学生若有异议可提出书面申请。

（四）书院认定：综合素质测评工作领导小组对无异议的申报内容进行确认，对有异议的申报内容进行核实鉴定。对于在评分过程中弄虚作假者，经综合素质测评工作领导小组认定后，将扣除其全部课外综合素质测评得分。

第三章　计分规则及评分标准

综合素质测评成绩评分标准主要由科技创新、学科竞赛、社会工作及德育、体育及文艺活动的得分以及处分扣分组成，原始总分由各部分相加（减）得到，并以5%的比例（即满分为5分）折算到奖学金评定的综合素质测评成绩中。

科技创新、学科竞赛、社会工作及德育、体育及文艺活动的得分需要经过折算后才能加到原始总分中，折算方式如下所示：

原始得分	分数加权	实际得分
X≤100分	1	X
100<X≤150分	0.8	100+(X−100)×0.8
150<X≤200分	0.5	140+(X−150)×0.5
X≥200分	0.1	165+(X−200)×0.1

注：X为科技创新、学科竞赛、社会工作及德育、体育及文艺活动的某一部分原始得分。

具体计算分值时，每部分得分乘相应权重累加到原始总分。科技创新权重为30%，学科竞赛为20%，社会工作及德育权重为30%，文艺体育活动权重为20%（综合素质测评工作领导小组每次根据情况，对权重进行±5%以内的浮动）。其中科技创新和学科竞赛两部分总分设置以50分为上限，社会工作及德育和文艺体育活动两部分设置以50分为上限，超过上限部分按照上限分数计算。

原始总分计算公式为：

原始总分=(科技创新×0.3+学科竞赛×0.2)+(社会工作及德育×0.3+体育及文艺活动×0.2)

设本年级综合素质测评分数最高者得分为A，则每名同学的综合素质测评的综合得分计算公式为：

$$综合得分 = 个人原始总分 \times \frac{100}{A} \times 5\%$$

奖学金评定使用的综合测评成绩以每一学年时间段进行统计。

第四章 计分项目细则

（一）科技创新

1. 各类国家级（含国际）、省部级学科竞赛

目前综合素质测评认定的国家级（含国际）、省部级科技竞赛有：

竞赛项目	一等奖	二等奖	三等奖	参与未获奖
“挑战杯”全国大学生课外学术科技作品竞赛	100	80	60	5
首都“挑战杯”课外学术科技作品竞赛	70	50	40	5
“挑战杯”全国大学生创业大赛	70	50	40	5
首都“挑战杯”大学生创业大赛	60	40	30	5
全国大学生电子设计竞赛	70	50	40	5
北京市大学生电子设计竞赛	60	40	30	5
全国大学生电子设计竞赛—嵌入式专题邀请赛	70	50	40	5
全国大学生“飞思卡尔”杯智能汽车竞赛	70	50	40	5
SAE 国际航空设计大赛（美国）	70	50	40	5

国家级、省部级竞赛作者排序系数：

作者排序	第一作者	第二作者	第三作者	第四作者及以后	团体计分
系数	1.0	0.6	0.2	0.1	0.6

计分方式：竞赛项目得分＝获奖等级得分×作者排序系数。

2.“冯如杯”竞赛

“冯如杯”科技竞赛评分细则：

获奖等级	一等奖	创新奖	二等奖	三等奖	参与未获奖
科技制作类	60	40	40	20	5
自然科学类	45	30	30	15	4
社会科学类	45	30	30	15	4

作者排序系数：

作者排序	第一作者	第二作者	第三作者	第四作者及以后
系数	1.0	0.6	0.2	0.1

计分方式："冯如杯"科技竞赛得分＝获奖等级得分×作者排序系数。

注：同一届"冯如杯"科技竞赛中，以第一作者参与计分项目仅限1项，以第二作者以后（含第二作者）参与计分项目仅限1项，累计计分项目不能超过2项。

"冯如杯"创意大赛评分细则：

获奖等级	一等奖	二等奖	三等奖	参与未获奖
得分	30	20	10	3

作者排序系数：

作者排序	第一作者	第二作者
系数	1.0	0.6

年级权重系数：

年级	大一	大二
系数	1.0	0.6

计分方式："冯如杯"创意大赛得分＝获奖等级得分×作者排序系数×年级权重系数。

注：同一届"冯如杯"创意大赛中，以第一作者参与计分项目仅限1项，以第二作者以后（含第二作者）参与计分项目仅限1项，累计计分项目不能超过2项。

"冯如杯"创业大赛评分细则：

获奖等级	一等奖	二等奖	三等奖	参与未获奖
得分	60	40	20	5

作者排序系数：

作者排序	第一作者	第二作者	第三作者	第四作者及以后
系数	1.0	0.6	0.2	0.1

计分方式："冯如杯"创业大赛得分＝获奖等级得分×作者排序系数。

注：同一届"冯如杯"创业大赛中，以第一作者参与计分项目仅限1项，以第二作者以后（含第二作者）参与计分项目仅限1项，累计计分项目不能超过2项。

3. SRTP、国创

书院原则上鼓励所有SRTP项目、国创项目，在项目周期内参加"冯如杯"科技竞赛，最终项目加分以"冯如杯"科技竞赛的加分为主，不重复加分。对于在SRTP或国创结题时取得优异成绩的，由学生本人提交书面申请以及相关证明材料，将额外予以加分，加分标准参考下表；对于不积极配合书院进行SRTP评审结题工作的，由综合素质测评工作领导小组认定，视情节严重与否，将扣除一定科技竞赛加分或取消其加分。

SRTP、国创评分细则：

获奖等级	优秀	良好	其他
得分	30	15	5

作者排序系数：

作者排序	第一作者	第二作者	第三作者	第四作者及以后
系数	1.0	0.6	0.2	0.1

注：由于SRTP、国创项目周期较长，如统计时项目未结束，依据项目中期答辩成绩，将加分折半计算。

4. 发表学术文章及申请专利

在各级各类期刊、会议上发表与专业相关的学术文章或申请相关专利，作者单位署名为北航者，可获得相应综合素质测评加分：

级别	SCI 期刊论文	SCI 会议论文	EI 期刊论文	EI 会议论文
分值	60 分/篇	40 分/篇	30 分/篇	20 分/篇
级别	核心期刊	专利受理	专利授权（发明）	专利授权（其他）
分值	10 分/篇	5 分/项	40 分/项	30 分/项

作者排序系数：

作者排序	学生第一作者	学生第二作者	学生第三作者及以后
计分权重	1.0	0.4	0.1

计分方式：发表学术文章及申请专利得分 = 级别分值 × 作者排序系数。

注：(1) 本大类加分申请需上交的证明材料有：项目（论文）情况介绍、获奖证书复印件、文章录用证明及论文发表首页、专利受理通知书、专利证书等其他证明材料；

(2) 其他未包含的竞赛项目，可由学生提出书面申请，由综合素质测评领导小组进行审核讨论，通过审定的竞赛可酌情加分；

(3) 同一竞赛项目在不同级别竞赛中同时获奖者，不重复计分，只取最高成绩（如同一科技作品若分别获得“挑战杯”“冯如杯”，取获奖最高分数）；

(4) 本大类部分评分项目涉及工作量核定等手续，申请人在申请时务必配合审查，提供相关证明材料，从而避免该申请项目无效。

（二）学科竞赛

1. 各类国际、国家级、省部级学科竞赛

目前综合素质测评认定的由校教务处组织实施的国际、国家级（含国际）各类学科竞赛、省部级竞赛有：

竞赛项目	一等奖	二等奖	三等奖	参与奖
美国大学生数学建模大赛	70	50	30	2
全国大学生数学建模大赛	60	40	20	2
全国大学生英语竞赛	60	40	20	2
全国大学生物理竞赛（非物理类 A 组）	60	40	20	2
全国大学生数学竞赛	60	40	20	2
北京市数学建模大赛	50	30	15	2
全国大学生英语竞赛初赛（北京）	50	30	15	2

（续表）

竞赛项目	一等奖	二等奖	三等奖	参与奖
北京市物理竞赛	50	30	15	2
北京市数学竞赛	50	30	15	2
北京市物理实验竞赛	50	30	15	2
周培源力学竞赛	50	30	15	2

2. 各类校级学科竞赛

目前综合素质测评认定的校级各类学科竞赛是指由学校教务处举办的各种学科竞赛，其获奖分值为：

获奖等级	特等奖	一等奖	二等奖	三等奖
分值	30分	20分	10分	6分

注：(1) 所有学科竞赛得分需上交获奖证书复印件或其他纸质证明文件，无证明文件或文件无效者该申报项目无法获得加分；

(2) 同年同类国家级、省部级及校级竞赛只取最高奖项加分，不进行累计（如同一年同时获得全国大学生物理竞赛、北京市物理竞赛、校物理竞赛一等奖，取获奖最高分数）；

(3) 团体参赛项目（如大学生数学建模大赛）若无作者排序，则每个参赛者按0.8的系数获得加分，参与加分作者不得超过3人；

(4) 上述表格中未列出但是满足类似条件的竞赛，可以由申请者本人提出书面申请，经综合素质测评领导小组审定后酌情予以加分。

（三）社会工作及德育

1. 凡担任一定社会工作，可获得相应综合素质测评加分

具体标准如下：

担任社会工作	计分项
校学生会主席团成员、书院学生会主席、学校其他与校学生会同级别的组织的负责人、学校各部处半脱产学生干部、校党校总干事、校长特别事务助理等	20分/学期
校学生会（副）部长、书院学生会副主席、书院党支部副书记、分团委各部部长、书院学生会各部部长、学校和书院各社团会长、大班长、大班团总支书记、校党校大班长、校党校部长	15分/学期

（续表）

担任社会工作	计分项
大班班委、小班长、小班团支书、分团委各部副部长、书院学生会各部副部长、书院指导社团（如话剧社、合唱团）各部（副）部长、校党校小班长、党支部委员、书院党校学生干部、“梦拓”计划导生、助消化课堂讲师	10 分/学期
小班班委、分团委学生会各部干事、书院党校小班长、校学生记者、导学活动小组长	5 分/学期

注：(1) 上表所列社会工作项目只取最高前三项得分，四项以上得分项目不予加分；

(2) 因个人原因任职不满一学期的学生干部不予加分，其他情况下由学生提出书面申请，综合素质测评领导小组审定后酌情予以加分；

(3) 上述未提到的社会工作项目，由学生提出书面申请，综合素质测评领导小组参考工作量列入上述六类中进行评分；

(4) 凡在实际工作中表现较差、不负责任的学生干部，由综合素质测评领导小组根据情况调整其得分或取消加分；

(5) 如在实际工作中有突出贡献的学生干部，由综合素质测评领导小组根据情况适当加分。

2. 获得个人荣誉称号的，可获得相应综合素质测评加分

具体标准如下：

获得奖项（级别）	市级（含以上）	校级	院级
三好学生	40	20	10
优秀团员	40	20	10
优秀党员	40	20	10
优秀学生干部	40	20	10
优秀团员干部	40	20	10
优秀党支部书记	—	20	10
优秀党员干部	40	20	10
党校优秀班长	—	20	10

注：(1) 同一年度同一人获同项目不同级别评比者，不重复计分，只取最高分值（如同一年度学生分别获市级、校级、院级三好学生，取市级三好奖励分数）；

(2) 上表未列出的社会工作荣誉称号，学生可提出书面申请，由综合素质测评领导小组进行审定并酌情予以加分。

3. 凡所属集体获得荣誉的，个人可获得相应综合素质测评加分

具体标准如下：

获得荣誉	加分项
获北京市级先进班集体	班长、团支书10分，其他班委8分，其余小班同学4分
获校级先进班集体一等奖	班长、团支书8分，其他班委5分，其余小班同学3分
获校级先进班集体二、三等奖	班长、团支书6分，其他班委3分，其余小班同学2分
获校级优良学风班、宿舍文明班、优秀团支部（标兵团支部）称号	班长、团支书5分，其他班委2分，其余小班同学1分
文明宿舍称号	宿舍长2分，其他宿舍同学1分
优秀导学活动小组	小组长3分，组员1分

注：（1）上表所列班级荣誉加分周期为一学年，如只任职一学期减半计分，任职不满一学期者不计分；

（2）同一年度上述各类集体荣誉中获多项者，只取最高得分（如班级分获北京市优秀班集体和校级先进班集体一等奖，取北京市先进班集体奖励分数）；

（3）上表中未列出的其他集体荣誉，学生可提出书面申请，由综合素质测评领导小组进行审定后酌情加分；

（4）任职期间表现较差、工作不负责的班级干部，综合素质测评领导小组可调整其加分或取消加分资格。

4. 在各种社会实践活动中获奖者，应获得相应综合素质测评加分

具体标准如下：

获得荣誉	加分项
暑期社会实践先进个人	校级10分，院级8分
校级优秀社会实践论文评比	一等奖10分，二等奖8分，三等奖5分
暑期社会实践校级先进团队	一等奖10分/人，二等奖8分/人，三等奖6分/人
暑期社会实践院级先进团队	一等奖8分/人，二等奖6分/人，三等奖4分/人

注：（1）寒假社会实践同等荣誉加分减半；

（2）同一年度同一人获同项目不同级别评比者，以及同一年度同一人获不同项目相同级别评比者，不重复计分，只取最高分值（如同时获得社会实践校级、院级先进团队一等奖者，取成绩奖励最高分数；同时获得社会实践院级先进团队和优秀实践论文一等奖者，取获奖最高分数）。

5. 凡获得各类志愿者表彰荣誉者，可获得相应综合素质测评加分

具体标准如下：

获得荣誉	加分项
市级优秀志愿者	20 分
校级优秀志愿者	10 分
院级优秀志愿者	5 分

注：同一学年同一人获不同类别不同项目获奖者所加分数不超过 20 分，超过 20 分按照 20 分计算。

6. 其他个人可获得综合素质测评加分的项目

具体标准如下：

(1) 校党校优秀学员、校党校优秀社会实践论文：5 分/人；军训优秀学员、书院学生党校优秀学员：3 分/人
(2) 自愿献血者或类似活动的自愿捐献者：3 分/次
(3) 在院校重大活动中有突出贡献或获得特殊荣誉称号、优秀事迹得到表彰者，由学生提出书面申请，综合素质测评领导小组审定后酌情予以加分
(4) 对在社会实践中有创造发明、作品发表以及突出成就者，由学生提出书面申请，综合素质测评领导小组审定后酌情予以加分

(四) 体育及文艺活动

1. 各项体育运动选手，由校体育部组织代表学校参加各种级别的各类体育比赛，取得个人名次者可取得相应综合素质测评加分

具体标准如下：

获奖名次	全国高校比赛	部、市高校比赛	校级比赛	院级比赛
第一名	80	40	30	10
第二名	70	30	25	8
第三名	60	25	20	6
第四名	50	20	15	4
第五名	40	15	10	2
第六名	40	15	10	2

（续表）

获奖名次	全国高校比赛	部、市高校比赛	校级比赛	院级比赛
第七名	40	15	10	2
第八名	40	15	10	2
未取得名次	20	10	5	1

注：具体比赛等级将根据比赛的举办单位和参赛规模评定。

2. 各项体育运动选手，参加各个级别各种集体项目体育比赛获奖者，可取得相应综合素质测评加分

具体标准如下：

获奖名次	校级以上集体体育比赛（足、篮、排、羽、乒等）	校级集体体育比赛（足、篮、排、羽、乒等）	院级（书院）集体体育比赛（足、篮、排、羽、乒等）
第一名	20分/人	10分/人	5分/人
第二名	15分/人	8分/人	4分/人
第三名	10分/人	5分/人	3分/人
未取得名次	5分/人	2分/人	1分/人

注：具体比赛等级将根据比赛的举办单位和参赛规模评定。此外，各个体育训练队（院或院级以上）的队长10分/学期，队员3分/学期。其中队员的核定以参加校级或院级比赛上场队员为准。

注：(1) 同一年度上述不同级别相同项目的比赛不重复计算课外综合素质测评加分，只取最高成绩（如学生在同一年度北京市高校比赛和校级比赛中获得相同项目的成绩名次，则取最高奖励分数）；

(2) 不同项目的比赛可以重复记分，各项获奖得分中均含有参赛分，不再重复记分；

(3) 其他未包含在上述项目中的体育项目，可以由学生本人提出书面申请，由综合素质测评领导小组审定后酌情予以加分。

3. 凡在各级别演讲、辩论、歌咏、摄影、书画、征文、文艺会演、知识竞赛等各类文艺竞赛中获奖者，可取得相应综合素质测评加分

具体标准如下：

市级及以上各类竞赛	个人项目：一等奖30分，二等奖20分，三等奖10分，未取得名次2分/人
	集体项目：一等奖20分/人，二等奖15分/人，三等奖8分/人，未获得名次2分/人
校级各类竞赛	个人项目：一等奖15分，二等奖10分，三等奖5分，未取得名次1分/人
	集体项目：一等奖10分/人，二等奖8分/人，三等奖3分/人，未获得名次1分/人
院级各类比赛	个人项目：一等奖8分，二等奖5分，三等奖3分，参与0.5分
	集体项目：一等奖5分/人，二等奖3分/人，三等奖2分/人，参与0.5分

注：校艺术团成员（非艺术特长生）、院艺术团成员每学期坚持参加训练，表现优秀者3分/学期。

参与担任主持人、晚会表演等文艺活动者，具体标准如下：

市级及以上	校级以上	院级
5分/人	3分/人	1分/人

注：(1) 同一年度上述不同级别相同项目的比赛不重复计算课外综合素质测评加分，只取最高成绩（如学生同一年度获市级摄影比赛、校级摄影比赛、院级摄影比赛名次，则取最高奖励分数）；

(2) 不同项目的比赛可以重复记分；

(3) 其他文艺比赛项目，可以由学生本人提出书面申请，由综合素质测评领导小组审定后酌情予以加分。

(五) 处分扣分

凡在日常学习生活中违反校规校纪，受到各类处分者，应扣除一定综合素质测评分数，直至扣完所有综合素质测评分数为止。

具体如下所示：

(1) 参与违法犯罪活动者，可酌情取消当期加分资格
(2) 受校级各类处分者
(3) 受院级通报批评处分者
(4) 受院级警告处分者
(5) 在综合素质测评过程中弄虚作假者，扣除作假项所在大类的所有分数；情节严重者，扣除当年所有综合素质测评加分

注：综合素质测评分数扣分项由书院综合素质测评领导小组评定并填写，并保留对该项评分的最终解释权。

附件 2　校级学业与发展支持中心工作日历

序号	工作（活动）名称	起始时间（周）	结束时间（周）	主责科室	活动形式
1	发布微信号 WCI 榜单	全年	全年	学生大数据中心	发布学生工作微信公众号 WCI 周榜单、月榜单、年度榜单
2	沙河校区晚点名、值班工作（每天）	全年	全年	管理科	安排专职、半脱产辅导员的晚点名、值班工作
3	学院调研	全年	全年	管理科	拟定调研计划，进行调研
4	学生工作例会（半月一次）	全年	全年	管理科	各学院副书记会议
5	“千岗百时”服务先锋行动	全年	全年	网络与思想教育科	全校统筹，增补岗位，评选先进
6	贷款逾期催收	全年	全年	学生资助中心	集中处理，电话催收
7	两校区互动服务（镖局、代办、千寻）	全年	全年	学生资助中心	下发通知，信息采集，统一提交
8	心理健康排查	全年	全年	积极心理体验中心	每月 25 日提交数据，对数据汇总、分析、撰写报告
9	寒假学生党员集中学习	春季第 0 周	春季第 0 周	网络与思想教育科	举办全校党员集中学习报告会，学院自主安排学习

（续表）

序号	工作（活动）名称	起始时间（周）	结束时间（周）	主责科室	活动形式
10	首日教育	春季第1周	春季第1周	网络与思想教育科	学院自主安排教育活动
11	学生党校	春季第1周	春季第14周	网络与思想教育科	入学考试，党校授课，社会实践，结业考试
12	《形势与政策》《博雅课程》补考	春季第1周	春季第2周	网络与思想教育科	通知、评定成绩、网上登录
13	大学生通用学习能力通识课程	春季第1周	春季第16周	学业与发展支持中心	面向沙河校区一二年级通识课程，由课程组成员共同授课，学期计划开设3~4轮次，共计64学时
14	大学生学业规划工作坊	春季第1周	春季第8周	学业与发展支持中心	邀请苏文平职业生涯教学团队对接冯如书院及其他书院，开展1次生涯唤醒报告及4次主题工作坊，共计开展2轮次
15	学业与发展支持中心工作团队赴国内高校调研	春季第1周	春季第12周	学业与发展支持中心	组织中心教师团队、一线辅导员赴兄弟高校调研学习
16	“青年千人”辅导员“十月谈”	春季第1周	春季第16周	学业与发展支持中心	面向沙河校区一二年级，邀请“青年千人”辅导员开展主题交流
17	校园心理情景剧展演	春季第1周	春季第15周	积极心理体验中心	心理情景剧会演排练、演出，发动学生观看并总结经验
18	个体心理咨询与团体心理辅导	春季第1周	春季第18周	积极心理体验中心	安排教师咨询时间，分析个体心理咨询和辅导数据，提交学期和年度报告
19	素质拓展训练	春季第1周	春季第18周	积极心理体验中心	团队报名，周末开展训练，收集参加成员的活动总结

（续表）

序号	工作（活动）名称	起始时间（周）	结束时间（周）	主责科室	活动形式
20	积极心理体验中心庆典筹备	春季第1周	春季第18周	积极心理体验中心	筹划积极心理体验中心挂牌暨心理咨询中心成立三十周年庆典活动
21	辅导员心理咨询补考培训	春季第1周	春季第16周	积极心理体验中心	参加培训者自学网络课程，完成考前自学内容、参加补考
22	发布学生大数据领域若干前瞻性课题	春季第1周	春季第13周	学生大数据中心	发布相关课题研究，组建学生工作干部研究团队，进行理论和实践探索研究
23	辅导员职级申报	春季第2周	春季第3周	管理科	通知申报，提交材料
24	“价值引航”精品项目培育	春季第2周	春季第16周	网络与思想教育科	发布通知，项目评审
25	春季学生思想动态滚动调查（教育部）	春季第2周	春季第6周	网络与思想教育科	问卷、座谈、访谈，撰写调查报告、座谈访谈纪要和一句话摘要
26	博雅课堂（含中华传统文化讲座）	春季第2周	春季第16周	网络与思想教育科	以选课的形式举办讲座、报告等
27	学业支持大讲堂	春季第2周	春季第16周	学业与发展支持中心	每月一次，相关学院承办，主题涉及但不限于学业发展认知、数学、英语、物理、计算机等主题学习
28	“一起学吧”学业辅导	春季第2周	春季第16周	学业与发展支持中心	沟通相关学院与书院，共同支持日常学业辅导活动的运行、督导与评估
29	学生学业状态及需求调查	春季第2周	春季第3周	学业与发展支持中心	联合大数据中心，对接书院学院，调查学生学期初学习状态及学业发展需求
30	春季勤工助学岗位双选会	春季第2周	春季第2周	学生资助中心	下发通知，线上线下报名，岗位招聘反馈

（续表）

序号	工作（活动）名称	起始时间（周）	结束时间（周）	主责科室	活动形式
31	新申请校园地助学贷款款项发放	春季第2周	春季第4周	学生资助中心	发放名单报送财务处
32	少数民族学生座谈会	春季第3周	春季第3周	管理科	发布通知，确定参会人员，组织会议
33	辅导员工作室申报及答辩	春季第3周	春季第15周	学业与发展支持中心、管理科	总结及学期计划，发布第一期考核通知，发布第二期申报通知，第二期答辩
34	校级网络媒体实验室立项申报	春季第3周	春季第4周	网络与思想教育科	发布通知，组织申报，答辩
35	心理委员培训	春季第3周	春季第8周	积极心理体验中心	本科生、研究生心理委员培训
36	家庭经济困难学生注册认定工作	春季第3周	春季第5周	学生资助中心	认定体系检测，中心牵头各学院组织经济困难学生认定
37	院系资助负责人业务培训	春季第3周	春季第6周	学生资助中心	下发通知，组织培训与考核
38	圣龙恒基与民荣助学金评定	春季第3周	春季第5周	学生资助中心	下发通知，材料上交，材料审核
39	组织学生国际实践	春季第4周	春季第16周	管理科	国际化实践手册修订，发布通知，申报、确定重点团队，提交总结等
40	辅导员专题学习班（每月一次）	春季第4周	春季第16周	网络与思想教育科	集中学习辅导报告
41	三星奖学金颁奖会	春季第4周	春季第6周	学生资助中心	通知下发，活动组织与筹备
42	“导师有约”专题交流会	春季第5周	春季第5周	学业与发展支持中心	邀请部分学业发展导师、学生代表交流反馈咨询服务及系统意见建议

（续表）

序号	工作（活动）名称	起始时间（周）	结束时间（周）	主责科室	活动形式
43	举办积极心理健康季活动	春季第3周	春季第16周	积极心理体验中心	学院承办相关活动（如积极心理成长梦工厂等），并组织学生参加北京市心理健康节活动
44	幸福邮局	春季第5周	春季第15周	积极心理体验中心	在学院路校区、沙河校区征集LOGO并启动幸福邮局
45	诚信教育宣传月	春季第5周	春季第10周	学生资助中心	两校区外场宣传、网络线上宣传，开展系列活动
46	马克思主义经典原著研读班	春季第6周	春季第15周	网络与思想教育科	辅导报告，参观实践
47	毕业教育系列活动	春季第6周	春季第16周	网络与思想教育科	制定相关文件，由各学院组织实施
48	砺航干校	春季第6周	春季第18周	网络与思想教育科	辅导报告，参观实践，“誓言生声”活动，范围可覆盖重点发展对象
49	学业专家咨询学术会议	春季第6周	春季第6周	学业与发展支持中心	邀请兄弟高校学业专家赴北航开展主题培训和督导交流
50	新生辅导员选拔	春季第7周	春季第12周	管理科	申报材料，笔试、答辩、公示
51	首都高等教育质量与学生发展监测调查	春季第7周	春季第9周	网络与思想教育科	问卷调查，撰写调查报告，提交上级和学校领导及处领导
52	“五星”党支部培育活动	春季第7周	春季第16周	网络与思想教育科	发布通知
53	沙河校区毕业生学位服租赁工作	春季第7周	春季第11周	学生资助中心	学位服租赁，借出与回收
54	红色“1+1”活动	春季第8周	春季第15周	网络与思想教育科	“1+1”党支部共建活动

（续表）

序号	工作（活动）名称	起始时间（周）	结束时间（周）	主责科室	活动形式
55	十佳“梦拓”评选	春季第 8 周	春季第 13 周	学业与发展支持中心	评选十佳“梦拓”小组
56	心理危机案例分析	春季第 8 周	春季第 12 周	积极心理体验中心	学院上报危机个案报告，召开案例分析会，分析个案成因、过程、存在问题
57	北京高校心理素质教育工作基地培训	春季第 8 周	春季第 18 周	积极心理体验中心	组织培训，心理咨询教师和辅导员参加培训
58	助学贷款逾期催收工作	春季第 8 周	春季第 12 周	学生资助中心	组织各相关学院开展逾期通知工作
59	辅导员“海外研修计划”	春季第 9 周	春季第 16 周	管理科	通知、报名、评审、公示
60	学生学业发展问题及支持需求调查	春季第 9 周	春季第 10 周	学业与发展支持中心	联合大数据中心，对接书院学院，调查学生学期中期的学业发展问题及支持需求
61	北京市困难学生饮水、洗澡补助发放	春季第 9 周	春季第 10 周	学生资助中心	通知下发，材料提交，材料审核，补助发放
62	校学生工作系统思政课题立项	春季第 9 周	春季第 12 周	网络与思想教育科	发布通知，组织申报，答辩
63	大学生征兵宣传、体检、政审	春季第 10 周	春季第 18 周	武装部	微信推送，外场宣传，主题观影，宣讲会，交流会；体检，政审，汇总材料
64	本科毕业生思想道德评价	春季第 12 周	春季第 15 周	网络与思想教育科	由各院系组织实施
65	绿色通道借款还款、空调租赁借款还款	春季第 12 周	春季第 14 周	学生资助中心	下发通知，催收还款

（续表）

序号	工作（活动）名称	起始时间（周）	结束时间（周）	主责科室	活动形式
66	思政系列职称评审	春季第 13 周	春季第 14 周	管理科	申报，初评，终评（含高级、中级）
67	助学贷款还款确认工作	春季第 13 周	春季第 14 周	学生资助中心	下发通知，统一组织，面签协议
68	第一批基层就业学费补偿贷款代偿申请	春季第 13 周	春季第 15 周	学生资助中心	下发通知，统一办理，按时报送
69	本科生转校区搬迁工作	春季第 14 周	暑假第 1 周	管理科	策划教育活动，核对搬迁信息，集中搬迁（暑假第 1 周），党组织关系转接等
70	本科毕业生合影	春季第 14 周	春季第 14 周	管理科	校领导、学院领导老师与毕业生合影
71	本科生毕业典礼	春季第 12 周	春季第 16 周	管理科	毕业典礼
72	毕业生文明离校工作	春季第 14 周	春季第 16 周	管理科	通知，值班等（预计第 16 周末离校完毕）
73	启动新生“梦拓”选拔	春季第 14 周	春季第 15 周	学业与发展支持中心	学业与发展支持中心统筹管理，各学院（书院）具体实施
74	生源地助学贷款毕业生毕业确认工作	春季第 14 周	春季第 15 周	学生资助中心	下发通知，明确要求，系统审核
75	生源地助学贷款在校生续贷申请	春季第 14 周	春季第 15 周	学生资助中心	下发通知，明确要求，系统审核
76	助学贷款还款协议下发	春季第 14 周	春季第 15 周	学生资助中心	下发通知，本人领取
77	本科新生军训方案制定	春季第 15 周	春季第 18 周	武装部	研究制定军训方案并上会，统计带队干部信息

（续表）

序号	工作（活动）名称	起始时间（周）	结束时间（周）	主责科室	活动形式
78	考期学业辅导与支持活动	春季第 15 周	春季第 17 周	学业与发展支持中心	联合各书院、相关学院开展考期学业辅导与支持活动
79	组织各学院（书院）上报“梦拓”计划学年总结和经费支出统计表	春季第 15 周	春季第 18 周	学业与发展支持中心	各辅导员以文档形式上报“梦拓”计划及经费支出情况
80	考前动员	春季第 16 周	春季第 16 周	管理科	各学院召开大班会进行考前动员
81	本科毕业生座谈会	春季第 16 周	春季第 16 周	网络与思想教育科	各学院上报学生代表
82	《形势与政策》《博雅课程》期末成绩评定	春季第 16 周	春季第 18 周	网络与思想教育科	考核通知，审核学生初评成绩并报送教务处
83	暑假留校学生统计及勤工助学安排	春季第 16 周	秋季第 1 周	学生资助中心	岗位发布及招聘，组织留校家庭经济困难学生开展活动
84	辅导员岗前培训	春季第 17 周	春季第 18 周	网络与思想教育科	新生辅导员、往届新增补辅导员岗前培训，北京部分高校新上岗辅导员
85	“双学籍”飞行员毕业座谈会	春季第 17 周	春季第 17 周	武装部	航空学院制定方案
86	本科生离校手续办理	春季第 17 周	春季第 18 周	学生资助中心	通知下发，离校手续办理（知北 205）
87	新生入学绿色通道	暑假	暑假	学生资助中心	线上预约，迎新现场办理
88	新上岗辅导员资助业务培训、学业支持培训	暑假	暑假	学生资助中心、学业与发展支持中心	开学前开展业务培训与政策讲解，岗前培训讲座

（续表）

序号	工作（活动）名称	起始时间（周）	结束时间（周）	主责科室	活动形式
89	“梦拓”培训	暑假	暑假	学业与发展支持中心	各学院（书院）根据各自特点组织开展，中心邀请学业支持校外专家参加辅导员岗前培训讲座
90	发布新生画像分析与大数据报告	暑期第1周	秋季第4周	学生大数据中心	分析调查问卷数据及招生信息，形成报告
91	本科新生英才训练营	秋季第－2周	秋季第－2周	网络与思想教育科	选拔新生，组织培训
92	迎新入学教育	秋季第－2周	秋季期末	网络与思想教育科	制定入学教育等相关工作安排，各学院具体开展
93	本科新生军训	秋季第－1周	秋季第1周	武装部	开营、闭营、训练、参观航空馆、拉练、讲座、拔河、合唱
94	查验兵役登记证、大学生入伍、退伍大学生返校	秋季第－1周	秋季第2周	武装部	上交新生兵役登记证/表；领服装、入伍通知书，新兵座谈会，学费补偿和代偿材料；与退伍学生联系，完成优待金的领取和学费减免
95	本科新生开学典礼	秋季第1周	秋季第2周	管理科	开学典礼
96	首日教育	秋季第1周	秋季第1周	网络与思想教育科	学院自主安排教育活动
97	军事理论课	秋季第1周	秋季第18周	武装部	集中授课，大作业，课堂表现，考试
98	学生党校	秋季第1周	秋季第14周	网络与思想教育科	入学考试，党校授课，社会实践，结业考试
99	《形势与政策》《博雅课程》补考	秋季第1周	秋季第2周	网络与思想教育科	通知，试卷，借教室，监考，评定成绩，网上登录

（续表）

序号	工作（活动）名称	起始时间（周）	结束时间（周）	主责科室	活动形式
100	博雅课堂（中华传统文化讲座）	秋季第1周	秋季第16周	网络与思想教育科	以选课的形式举办讲座、报告等
101	大学生通用学习能力通识课程	秋季第1周	秋季第16周	学业与发展支持中心	面向沙河校区一二年级通识课程，由课程组成员共同授课，本学期计划开设3～4轮次，共计64学时
102	大学生学业规划工作坊	秋季第1周	秋季第10周	学业与发展支持中心	邀请苏文平职业生涯教学团队对接致真书院及其他书院，开展1次生涯唤醒报告及4次主题工作坊，共计开展2轮次
103	“青年千人”辅导员“十月谈”定制课程	秋季第1周	秋季第16周	学业与发展支持中心	面向沙河校区一二年级通识课程，开设“青年千人”辅导员定制课程
104	个体心理咨询和团体辅导	秋季第1周	秋季第18周	积极心理体验中心	安排教师咨询时间，分析个体心理咨询和团体辅导数据，提交学期和年报告
105	素质拓展训练	秋季第1周	秋季第18周	积极心理体验中心	团队事先报名、每个周末开展训练，收集参加成员的活动总结
106	家庭经济困难学生认定	秋季第1周	秋季第2周	学生资助中心	认定体系检测，中心牵头各学院组织经济困难学生认定
107	学生事务服务中心（迎新资料发放）	秋季第1周	秋季第4周	学生资助中心	通知下发，资料领取与发放
108	生源地助学贷款回执办理	秋季第1周	秋季第9周	学生资助中心	下发通知，信息采集，统一收取
109	校园地助学贷款政策宣讲会	秋季第1周	秋季第1周	学生资助中心	下发通知，政策宣讲，现场申请

（续表）

序号	工作（活动）名称	起始时间（周）	结束时间（周）	主责科室	活动形式
110	生源地助学贷款受理证明及回执办理	秋季第1周	秋季第2周	学生资助中心	下发通知，信息采集，统一收取
111	辅导员职级申报	秋季第2周	秋季第3周	管理科	申报，提交
112	辅导员专题学习班（每月一次）	秋季第2周	秋季第16周	网络与思想教育科	集中学习辅导报告
113	北京市辅导员网络思政专题培训	秋季第2周	秋季第18周	网络与思想教育科	共12讲，每周一次
114	学业支持大讲堂	秋季第2周	秋季第16周	学业与发展支持中心	每月一次，相关学院承办，主题涉及但不限于学业发展认知、数学、英语、物理、计算机等主题学习
115	学生学业状态及需求调查	秋季第2周	秋季第3周	学业与发展支持中心	联合大数据中心，对接书院，调查学生学期初学习状态及学业发展需求
116	“一起学吧”学业辅导	秋季第2周	秋季第16周	学业与发展支持中心	沟通相关学院书院，共同支持日常学业辅导活动的运行、督导与评估
117	积极心理健康教育论坛	秋季第2周	秋季第15周	积极心理体验中心	组织论坛，邀请专家，学术研讨
118	国家奖学金、国家励志奖学金评审	秋季第2周	秋季第4周	学生资助中心	通知，材料上交，材料审核
119	秋季勤工助学岗位双选会	秋季第2周	秋季第2周	学生资助中心	下发通知，线上线下报名，岗位招聘反馈
120	国家助学金评选	秋季第2周	秋季第4周	学生资助中心	系统检查，通知，材料上交，材料审核，做账
121	新生校园地助学贷款办理	秋季第2周	秋季第9周	学生资助中心	明确要求，严格审核

（续表）

序号	工作（活动）名称	起始时间（周）	结束时间（周）	主责科室	活动形式
122	新生校园地助学贷款材料审核	秋季第 2 周	秋季第 10 周	学生资助中心	明确要求，严格审核
123	学生工作系统立项结题工作	秋季第 2 周	秋季第 5 周	网络与思想教育科	发布通知，结题材料收集，组织答辩
124	党建工作坊评星挂牌工作	秋季第 3 周	秋季第 5 周	网络与思想教育科	党建工作坊总结汇报，评星挂牌
125	自助体验式心理服务	秋季第 3 周	秋季第 16 周	积极心理体验中心	“心理图书悦读”“心理调适进宿舍”“沙盘体验”“情绪宣泄体验”开放预约等
126	“心故事心舞台”心理情景剧大赛	秋季第 3 周	秋季第 12 周	积极心理体验中心	心理情景剧策划，及前期宣传，剧本征集、初评剧本，演出培训，预演，决赛
127	心理委员培训	秋季第 3 周	秋季第 16 周	积极心理体验中心	本科生、研究生心理委员培训
128	老生校园地助学贷款续贷确认	秋季第 3 周	秋季第 4 周	学生资助中心	下发通知，统一组织、本人面签
129	非国开行生源地助学贷款回执单盖章确认	秋季第 3 周	秋季第 4 周	学生资助中心	统一组织，集中处理
130	国开行生源地助学贷款回执校验码录入	秋季第 3 周	秋季第 4 周	学生资助中心	系统录入校验码
131	校庆嘉年华	秋季第 4 周	秋季第 6 周	网络与思想教育科	组织校庆嘉年华活动
132	中秋慰问活动	秋季第 4 周	秋季第 4 周	学生资助中心	遴选名单，会场布置
133	征兵入伍、退役士兵学费资助资格申请及材料报送	秋季第 4 周	秋季第 6 周	学生资助中心	统一通知，提交申请，审核报送

（续表）

序号	工作（活动）名称	起始时间（周）	结束时间（周）	主责科室	活动形式
134	本科新生参观积极心理体验中心	秋季第5周	秋季第9周	积极心理体验中心	新生全覆盖（本科生和部分研究生）
135	北京高校心理素质教育工作基地培训	秋季第5周	秋季第16周	积极心理体验中心	组织和选派心理咨询师、辅导员参加学习
136	社会类助学金评审	秋季第5周	秋季第10周	学生资助中心	系统检查，通知，材料上交，材料审核，做账
137	北航学生网络文化节	秋季第6周	秋季第16周	网络与思想教育科	线上宣传，外场活动，联络员、大使评优换届，作品征集评审，颁奖表彰，成果展览展示
138	新生心理普查	秋季第6周	秋季第13周	积极心理体验中心	心理普查辅导员培训，实施普查，处理数据，心理访谈，反馈结果
139	学院心理健康教育评估与表彰	秋季第6周	秋季第16周	积极心理体验中心	汇总材料，查看结果，统计活动等
140	北航之友奖学金评审	秋季第6周	秋季第14周	学生资助中心	通知，材料上交，材料审核，公示
141	校级优秀奖学金评审	秋季第6周	秋季第6周	学生资助中心	通知，材料上交，材料审核，公示
142	新生公交卡办理（时间安排由市教委通知确定）	秋季第6周	秋季第8周	学生资助中心	下发通知，信息采集，现金办理
143	“五星”党支部评选活动	秋季第7周	秋季第11周	网络与思想教育科	通知，汇总材料，评审表彰
144	“导师有约”专题交流会	秋季第7周	秋季第7周	学业与发展支持中心	邀请部分学业发展导师、学生代表交流反馈咨询服务及系统意见建议
145	基层就业补偿代偿款发放	秋季第7周	秋季第8周	学生资助中心	确定名单，做账放款

（续表）

序号	工作（活动）名称	起始时间（周）	结束时间（周）	主责科室	活动形式
146	励志成长成才表率评审会	秋季第7周	秋季第7周	学生资助中心	通知，材料上交，材料审核，公示
147	红色“1+1”党支部评选	秋季第8周	秋季第15周	网络与思想教育科	“1+1”党支部共建活动汇总材料，评审，上报市委教工委
148	组织各学院（书院）上报“梦拓”计划阶段性成果统计	秋季第8周	秋季第10周	学业与发展支持中心	各辅导员以文档形式上报“梦拓”计划的阶段性成果
149	心理危机案例分析	秋季第8周	秋季第12周	积极心理体验中心	学院上报危机个案，案例分析会，分析个案成因、过程、存在问题
150	港澳台奖学金评审	秋季第8周	秋季第10周	学生资助中心	通知，材料上交，材料审核，公示
151	学生学业发展问题及支持需求调查	秋季第9周	秋季第10周	学业与发展支持中心	联合大数据中心，对接书院学院，调查学生学期中期的学业发展问题及支持需求
152	辅导员职业能力大赛	秋季第10周	秋季第15周	管理科	组织申报，笔试，现场答辩等
153	北京市及校级先进基层组织评选	秋季第10周	秋季第14周	网络与思想教育科	先进班集体和优秀宿舍评选；通知，汇总材料，评审
154	学业与发展支持中心工作团队赴国内高校调研	秋季第10周	秋季第12周	学业与发展支持中心	组织中心教师团队、一线辅导员赴兄弟高校调研学习
155	新疆少数民族助学金评选	秋季第10周	秋季第12周	学生资助中心	通知，上交材料，材料审核，做账
156	新生校园地助学贷款面签协议	秋季第10周	秋季第10周	学生资助中心	下发通知，统一组织，面签协议

（续表）

序号	工作（活动）名称	起始时间（周）	结束时间（周）	主责科室	活动形式
157	老生校园地助学贷款续贷款项发放	秋季第10周	秋季第12周	学生资助中心	确定名单，做账放款
158	沈元奖章评审会	秋季第10周	秋季第14周	学生资助中心	下发通知，学院推荐，组织评审
159	辅导员工作室交流汇报	秋季第12周	秋季第13周	学业与发展支持中心、管理科	辅导员工作室交流汇报
160	学业与发展支持工作研讨会	秋季第12周	秋季第15周	学业与发展支持中心	邀请国内高校学业辅导支持领域知名学者交流学业发展辅导经验
161	支撑星级微信公众号评选	秋季第12周	秋季第14周	学生大数据中心	作为网络文化节活动环节，做好数据支撑
162	学院级北航之友奖学金评审	秋季第12周	秋季第15周	学生资助中心	收集汇总学院年度奖学金数据
163	校级网络媒体实验室项目结题答辩	秋季第13周	秋季第15周	网络与思想教育科	通知，汇总材料，评审
164	第二批基层就业补偿代偿申请	秋季第13周	秋季第15周	学生资助中心	下发通知，统一办理，按时报送
165	大学生年度人物评选	秋季第14周	秋季第15周	管理科	组织申报，评审
166	优秀半脱产学生工作干部奖学金	秋季第15周	秋季第19周	管理科	组织申报、评审
167	组织各学院（书院）上报“梦拓”计划学年总结和经费支出统计表	秋季第15周	秋季第18周	学业与发展支持中心	各辅导员以文档形式上报“梦拓”计划及经费支出情况

（续表）

序号	工作（活动）名称	起始时间（周）	结束时间（周）	主责科室	活动形式
168	考期学业辅导与支持活动	秋季第 15 周	秋季第 18 周	学业与发展支持中心	联合各书院、相关学院开展考期学业辅导与支持活动
169	年度奖学金证书印制及发放	秋季第 15 周	秋季第 17 周	学生资助中心	证书设计，统一印刷，套印校章，通知学院领取
170	生源地助学贷款款项发放（分批）	秋季第 15 周	秋季第 16 周	学生资助中心	确定名单，做账放款
171	考前动员	秋季第 16 周	秋季第 16 周	管理科	召开大班会进行考前动员
172	“博雅课程”期末成绩评定	秋季第 16 周	秋季第 18 周	网络与思想教育科	考核安排通知，审核学生初评成绩并报送教务处
173	毕业研究生离校手续办理	秋季第 16 周	秋季第 17 周	学生资助中心	下发通知，面签协议，系统确认
174	寒假留校学生统计、勤工助学寒假岗位招募	秋季第 16 周	秋季第 20 周	学生资助中心	通知，反馈，活动
175	学生表彰大会	秋季第 17 周	秋季第 17 周	管理科	发布通知
176	评选优秀辅导员“武光奖”	秋季第 17 周	秋季第 19 周	管理科	发布评选办法，组织申报，评选
177	专职辅导员年度考核	秋季第 17 周	秋季第 19 周	管理科	发布通知，评审，公示
178	寒假留校学生活动开展及家庭经济困难学生慰问	秋季第 18 周	秋季第 20 周	学生资助中心	组织开展讲座、素质拓展、观影、羽毛球等丰富多彩的寒假活动
179	北京市教委寒假家庭经济困难学生慰问活动	秋季第 19 周	秋季第 20 周	学生资助中心	通知，反馈，活动
180	春节师生联谊活动	秋季第 20 周	秋季第 21 周	学生资助中心	下发团年宴通知，活动筹备

序号	工作（活动）名称	起始时间（周）	结束时间（周）	主责科室	活动形式
1	中心课程建设及宣传	寒假	春季第1周	学业与发展支持中心	学期初课程组备课，通识课程相关宣传
2	“全球学业指导专家引智项目”——NACADA专家学业指导团体辅导及个体咨询督导项目	春季第1周	春季第16周	学业与发展支持中心	邀请全球学业指导学会专业进行团体辅导及个体咨询督导项目
3	《大学生通用学习能力》《青年思享进阶》通识课程	春季第1周	春季第16周	学业与发展支持中心	面向沙河校区一二年级通识课程，分别计划开设8班次和2班次
4	朋辈辅导师招聘	春季第2周	春季第4周	学业与发展支持中心	中心发布招聘通知，符合条件的学生自愿报名
5	学生助理招聘	春季第2周	春季第4周	学业与发展支持中心	学业与发展支持中心发布招聘信息
6	勤工助学岗位招聘	春季第2周	春季第4周	学业与发展支持中心	根据资助中心安排，参与招聘
7	核对“梦拓”小组信息，发放补贴	春季第2周	春季第4周	学业与发展支持中心	辅导员上报“梦拓”小组信息，核对后通过财务系统进行补贴发放
8	“导师有约”一对一咨询启动	春季第2周	春季第4周	学业与发展支持中心	“导师有约”一对一咨询颁发证书及揭牌仪式
9	对接学院学业与发展支持工作	春季第2周	春季第16周	学业与发展支持中心	沟通相关学院书院，成立二级学院的学业与发展支持中心，支持日常学业辅导活动的运行、督导
10	“导师有约”一对一学业咨询	春季第3周	春季第18周	学业与发展支持中心	邀请学业导师，确定日常值班时间，开展一对一学业咨询
11	学业中心文化创意设计	春季第4周	春季第16周	学业与发展支持中心	160天养成计划册设计更新，学业与发展支持周边用具设计

（续表）

序号	工作（活动）名称	起始时间（周）	结束时间（周）	主责科室	活动形式
12	朋辈辅导师线下答疑、线上直播	春季第5周	春季第16周	学业与发展支持中心	线上、线下开展朋辈辅导师答疑活动
13	学生助理团队与北京其他高校学业中心交流	春季第6周	春季第10周	学业与发展支持中心	学生助理团队与清华大学学业协会等团队进行交流
14	新工科伦理课程建设	春季第7周	春季第18周	学业与发展支持中心	拟定新工科伦理课程大纲；邀请杰青、长江等专家学者进学业大讲堂作报告，举办2次
15	大学生4D领导力提升课程申报	春季第7周	春季第18周	学业与发展支持中心	教务系统申报课程
16	十佳“梦拓”评选	春季第8周	春季第13周	学业与发展支持中心	评选十佳“梦拓”小组
17	学业与发展支持中心工作团队赴国内高校调研	春季第8周	春季第13周	学业与发展支持中心	组织中心教师团队、一线辅导员赴兄弟高校调研学习
18	学生学业发展问题及支持需求调查	春季第9周	春季第10周	学业与发展支持中心	联合大数据中心，对接书院学院，调查学生学期中期的学业发展问题及支持需求
19	筹备学业与发展支持工作研讨会	春季第10周	暑期第4周	学业与发展支持中心	邀请国内高校学业辅导支持领域知名学者交流学业发展辅导经验
20	“导师有约”一对一咨询督导	春季第10周	春季第12周	学业与发展支持中心	邀请部分学业发展导师、学生代表交流反馈咨询服务及系统意见建议
21	“梦拓”计划工作系统建设	春季第10周	春季第18周	学业与发展支持中心	根据“梦拓”计划工作系统建设规划，基本完成系统框架
22	四六级打卡宣传	春季第12周	春季第14周	学业与发展支持中心	推广高校“小伙伴”计划，开启四六级打卡活动

（续表）

序号	工作（活动）名称	起始时间（周）	结束时间（周）	主责科室	活动形式
23	启动新生“梦拓”选拔	春季第14周	春季第15周	学业与发展支持中心	学业与发展支持中心统筹管理，各学院（书院）具体实施
24	朋辈辅导师评优	春季第14周	春季第15周	学业与发展支持中心	评选优秀朋辈辅导师5人
25	迎新直播准备工作	春季第14周	暑期第7周	学业与发展支持中心	准备直播素材
26	考期学业辅导与支持活动	春季第15周	春季第17周	学业与发展支持中心	联合各书院、相关学院开展考期学业辅导与支持活动
27	组织各学院（书院）上报“梦拓”计划学年总结和经费支出统计表	春季第15周	春季第18周	学业与发展支持中心	各辅导员以文档形式上报“梦拓”计划学年总结及经费支出情况
28	参加NACADA国际会议	春季第16周	暑期	学业与发展支持中心	参加NACADA国际会议
29	迎新宣传设计	春季第17周	春季第18周	学业与发展支持中心	迎新宣传活动的设计
30	“梦拓”计划学年总结分析	春季第18周	春季第19周	学业与发展支持中心	根据各学院（书院）学年工作总结，进行针对性分析
31	辅导员岗前学业支持培训	暑假第1周	暑假第2周	学业与发展支持中心	中心邀请学业支持校外专家参加辅导员岗前培训讲座
32	迎新直播	暑期第8周	暑期第8周	学业与发展支持中心	迎新直播
33	中心课程建设及宣传	暑假第8周	秋季第1周	学业与发展支持中心	学生处课程组备课，通识课程相关宣传
34	“梦拓”培训（含十佳“梦拓”境外交流）	暑期	暑期	学业与发展支持中心	各学院（书院）根据各自特点组织开展“梦拓”培训，统一组织十佳“梦拓”小组境外交流

（续表）

序号	工作（活动）名称	起始时间（周）	结束时间（周）	主责科室	活动形式
35	朋辈辅导师招聘	秋季第2周	秋季第4周	学业与发展支持中心	中心发布招聘通知，符合条件的学生自愿报名
36	《大学生通用学习能力》《青年思享进阶》等通识课程	秋季第2周	秋季第16周	学业与发展支持中心	面向沙河校区一二年级通识课程，分别计划开设8班次和2班次
37	统计“梦拓”小组信息，发放补贴	秋季第2周	秋季第4周	学业与发展支持中心	辅导员上报“梦拓”小组信息，核对后通过财务系统进行补贴发放
38	对接学院学业与发展支持工作	秋季第2周	秋季第16周	学业与发展支持中心	沟通相关学院书院，成立二级学院的学业与发展支持中心，支持日常学业辅导活动的运行、督导
39	“导师有约”一对一学业咨询	秋季第2周	秋季第18周	学业与发展支持中心	邀请学业导师，确定日常值班时间，开展一对一学业咨询
40	“梦拓”计划工作系统建设	秋季第2周	秋季第18周	学业与发展支持中心	根据“梦拓”计划工作系统建设规划，完成初版系统
41	学业与发展支持中心工作团队赴国内高校调研	秋季第4周	秋季第6周	学业与发展支持中心	组织中心教师团队、一线辅导员赴兄弟高校调研学习
42	朋辈辅导师线下答疑、线上直播	秋季第5周	秋季第16周	学业与发展支持中心	线上、线下开展朋辈辅导师答疑活动
43	组织各学院（书院）上报“梦拓”计划阶段性成果统计	秋季第8周	秋季第10周	学业与发展支持中心	各辅导员以文档形式上报“梦拓”计划的阶段性成果
44	学生学业状态及需求调查	秋季第9周	秋季第10周	学业与发展支持中心	联合大数据中心，对接书院，调查学生学期初学习状态及学业发展需求

（续表）

序号	工作（活动）名称	起始时间（周）	结束时间（周）	主责科室	活动形式
45	学生学业发展问题及支持需求调查	秋季第 9 周	秋季第 10 周	学业与发展支持中心	联合大数据中心，对接书院学院，调查学生学期中期的学业发展问题及支持需求
46	学业与发展支持中心工作团队赴国内高校调研	秋季第 10 周	秋季第 12 周	学业与发展支持中心	组织中心教师团队、一线辅导员赴兄弟高校调研学习
47	“导师有约”一对一咨询督导	秋季第 10 周	秋季第 12 周	学业与发展支持中心	邀请部分学业发展导师、学生代表交流反馈咨询服务及系统意见建议
48	四六级打卡宣传	秋季第 12 周	秋季第 14 周	学业与发展支持中心	推广高校“小伙伴”计划，开启四六级打卡活动
49	北京市示范中心验收	秋季第 13 周	秋季第 17 周	学业与发展支持中心	根据北京市教工委要求准备梳理工作
50	年终打卡计划	秋季第 14 周	秋季第 17 周	学业与发展支持中心	推行年终打卡计划，并对活动进行总结
51	组织各学院（书院）上报“梦拓”计划学期总结和经费支出统计表	秋季第 15 周	秋季第 18 周	学业与发展支持中心	各辅导员以文档形式上报“梦拓”计划学期总结及经费支出情况
52	考期学业辅导与支持活动	秋季第 15 周	秋季第 18 周	学业与发展支持中心	联合各书院、相关学院开展考期学业辅导与支持活动
53	“梦拓”计划学年总结分析	秋季第 18 周	秋季第 19 周	学业与发展支持中心	根据各学院（书院）学期工作总结，进行针对性分析
54	勤工助学岗位管理、工时上报	每月一次	每月一次	学业与发展支持中心	学业与发展支持中心半脱产学生干部进行工作安排及工时上报
55	整理中心大事记	每月一次	每月一次	学业与发展支持中心	整理中心大事记

（续表）

序号	工作（活动）名称	起始时间（周）	结束时间（周）	主责科室	活动形式
56	学业辅导主题辅导员沙龙	每年两至三次	每年两至三次	学业与发展支持中心	每学期邀请校外学业辅导专家开展辅导员沙龙
57	举办学业与发展支持工作研讨会	每年一次	每年一次	学业与发展支持中心	参加北京高教会学业辅导研究分会高端论坛年会、津冀高校学业辅导论坛
58	学业辅导信息化建设	全年	全年	学业与发展支持中心	由教师或其他部门提供教师信息更新、增删需求，由系统管理员操作
59	一对一学业咨询	全年	全年	学业与发展支持中心	邀请导师，确定导师值班时间，开展一对一学业咨询

附件3　院级学业与发展支持中心工作日历

序号	当月工作中心	工作内容	负责部门	起止时间
1	助消化课堂考期工作	助消化课堂期末复习串讲	学习部	2019.1.3—2019.1.11 （秋季学期校历第17—18周）
		讲师上半学年福利统计发放		2019.1.12—2019.1.18 （秋季学期校历第19周）
		各科老师串讲		2019.1.14—2019.1.18 （秋季学期校历第19周）
2	助消化课堂计划讨论	助消化课堂下学期工作计划讨论会及下学期工作计划确定	学习部	2019.2.25—2019.2.28 （春季学期校历第1周）
3	助消化课堂第二批讲师招募	助消化课堂第二批讲师招募	学习部	2019.3.4—2019.3.15 （春季学期校历第2、3周）
4	第二期英语训练营，助消化课堂期中考期工作	助消化课堂期中考试集中串讲	学习部	2019.4.15—2019.4.30 （春季学期校历第8、9周）
		讲师福利中期发放		2019.4.29—2019.4.30 （春季学期校历第10周）
		士嘉书院英语训练营第二期举办		2019.4.1—2019.4.30 （春季学期校历第6—9周）

（续表）

序号	当月工作中心	工作内容	负责部门	起止时间
5	助消化课堂期末考期工作	大学物理资料整理完毕	学习部	2019. 6. 3—2019. 6. 9（春季学期校历第 15 周）
		助消化课堂期末集中串讲		2019. 6. 10—2019. 6. 21（春季学期校历第 16—17 周）
		助消化课堂讲师下半学年福利统计发放		2019. 6. 24—2019. 6. 28（春季学期校历第 18 周）
6	士嘉书院学业与发展支持中心部门换届	组织士嘉书院学业与发展中心的换届工作	执行主任及部长团	2019. 7. 2—2019. 7. 9 暑期校历第 1 周
		采访士嘉优秀学哥学姐，推出“学霸说”	活动部	2019. 7. 9—2019. 8. 1（暑期校历 2—4 周）
7	士嘉书院学业与发展支持中心宣传推广与线上迎新	设计制作宣传手册，部门介绍推送，向新生推广优质慕课	宣传部	暑假期间
		“学小枝”公众号推出校园 Vlog，带领学弟学妹熟悉北航环境	宣传部	
8	各部门招新面试学支公众号，士嘉书院小程序以及助消化课堂的推广工作	线下宣讲，招新面试以及中心破冰会；各部门对部员进行基础能力培训	部长团	2019. 9. 5—2019. 9. 28（秋季学期校历第 1—4 周）
		士嘉书院小程序迎新活动	网信部 宣传部	2019. 8. 27—2019. 9. 10（秋季学期校历第 1—2 周）
		讲师团各学科负责人换届及讲师面试筹备	线上学堂部 讲师团负责人	2019. 9. 22—2019. 9. 28（秋季学期校历第 4 周）

（续表）

序号	当月工作中心	工作内容	负责部门	起止时间
9	英语训练营，讲师招新，助消化课堂开始推送	士嘉书院第三期英语训练营	活动部 宣传部	2019. 9. 30—2019. 10. 26 （秋季学期校历第5—8周）
		讲师团招新	线上学堂部 讲师团负责人	2019. 10. 12—2019. 10. 21 （秋季学期校历第6—7周）
		助消化课堂推送	线上学堂部 宣传部	秋季学期和春季学期校历第8—18周
10	考期月，活动转向线上；推出复习资料，举办学哥学姐经验分享会，推出考期助力视频	考期资料整理与放送	部长团 线上网信部	2019. 10. 26—2019. 11. 1 （秋季学期校历第9周）
		考期学哥学姐经验分享会，知识点串讲，推出考期助力视频	线上学堂部 宣传部与活动部	2019. 11. 1—2019. 11. 23 （秋季学期校历第10—12周）
		小程序推出北航美景活动	网信部	2019. 11. 17—2019. 12. 10 （秋季学期校历第12—14周）
11	考后调整月，成绩分析及期末考期准备阶段，推出答疑活动及经验分享	讲师团入驻小程序，实现线上答疑	执行主任 线上学堂部	2019. 11. 26—2019. 12. 4 （秋季学期校历第13—14周）
		行业认知论坛	活动部 宣传部	2019. 11. 30 （秋季学期校历第13周）
		竞赛经验交流分享会	活动部	2019. 12. 14 （秋季学期校历第15周）

附件4　论文1
《新时代高校大类人才培养学业支持体系构建——以北京航空航天大学士嘉书院为例》

新时代高校大类人才培养学业支持体系构建——以北京航空航天大学士嘉书院为例

王雷华　谢贝贝　申泽鹏*

（北京航空航天大学士嘉书院，北京　100191）

摘　要：高质量的新生学业支持工作体系是高校人才培养不可或缺的重要部分。从大类培养的角度出发，新生学业支持工作体系构建面临诸多机遇和挑战：高校学业支持工作存在不健全、制度建设场地载体有欠缺、学情数据诊断不精确、个性化需求满足程度低等问题。以北京航空航天大学士嘉书院为例，对以“适应大学学习生活、强化专业认知教育”为导向的学业支持工作路径进行探索，构建了分层分类建立学业支

* 作者简介：王雷华（1984— ），男，河北望都人，北京航空航天大学士嘉书院执行院长，副研究员，博士研究生，研究方向为高校治理。谢贝贝（1993— ），女，新疆博乐人，北京航空航天大学士嘉书院学业助理，硕士研究生，研究方向为学业辅导。申泽鹏（1996— ），男，河北唐山人，北京航空航天大学士嘉书院专职辅导员，硕士研究生，研究方向为思想政治教育。

持机构、发挥“一站式”学生社区作用、多维度多层次判定学业级别、提升学业支持项目核心影响力等内容的工作体系。以学业支持的外力激发学生主动学习、自强自立的内生动力，助推学生实现全面成长成才的内涵式发展。

关键词：大类培养；学业支持；学业诊断；个性需求；工作体系

Construction of Academic Support System for the Cultivation of Major Jalents in Colleges and University in the New Era — Taking Shijia Academy of Beijing University of Aeronautics and Astronautics as an Example

Wang Leihua, *Xie Beibei*, *Shen Zepeng*

(Shijia Academy, Beijing University of Aeronautics and Astronautics, Beijing 100191, China)

Abstract: A high-quality academic support system for freshmen is an indispensable part of talent education in the colleges and universities. From the perspective of general education, the construction of the freshmen academic support working system is facing many opportunities and challenges. The work of academic support in colleges and universities has problems of lacking of complete document guides, lacking of venue carries, inaccurate diagnosis of academic data of study situation, and low satisfaction of personalized needs etc. Taking Shijia Academy of Beijing University of Aeronautics and Astronautics as an example, this paper explores the work path of academic support guided by "adapting to the life of studying and cognitive education of major selection", and constructs a working system which can establish academic support institutions in a hierarchical classification way, play the role of "one-stop" student community, determine students' studying level in a multi-dimensional and multi-level way, and improve core influences of academic supporting projects. With the external force of academic support, students' internal motive power of active learning can be stimulated, thus help students become self-reliant and self-improvement, and finally achieve the intensive development of all-around growth to become talents.

Key words: large category cultivation; academic support; academic diagnosis; individual needs; working system

党的二十大报告强调，要办好人民满意的教育，全面提高人才自主培养质量，着力造就拔尖创新人才。这就要求高校在新时代不断探索高质量人才培养改革路径，不断深化教育教学工作的内涵，为党育人、为国育才。党的十八大以来，部分高校按照中央关于高等教育发展改革的最新要求，探索实施本科生大类招生、大类培养模式。具体就是，学生在高考招生录取时，按照专业大类确定相关属性，不区分具体专业，在大一学年强化数理基础，开展通识教育，待一年以后根据自身兴趣和个人意愿，再进行具体专业选择和分流。这种培养方式，一定程度上给学生提供了“宽口径、厚基础”，强化了学生主动学习的积极性。同时，学生也在学习过程中，遇到了新问题，学习节奏快适应性差、专业选择困难、个性化学业支持无法得到满足等，一定程度上影响了学生的行为养成，不利于学生长远发展。在此基础上，探讨如何对大类培养的本科新生提供高质量的学业支持，帮助学生夯实学业基础，实现全面发展，成为亟须解决的重要问题。

一、学业支持概念和意义

高质量的学习支持工作总是与高校“以人为本”的教育教学改革相伴相生，重点在于通过师生之间的互动交流、学生之间的互帮互助以及现代化的网络内容支持，帮助学生掌握课堂教学内容，优化学习方法，进一步激发内生学习动力，树立学习自信。

（一）学业支持内涵体现“以学生为本”的教育理念

“学业支持”一词最早起源于20世纪70年代美国哈佛大学的“Academic advising”（学术指导），伴随高等教育选课制度的出现而产生，在很多研究或实践中也被称作学业指导或学习指导。在这个时期，学业支持主要以指导学生选课为主，目的在于帮助学生适应学校相关选课规则，优化学习课程的结构。从相互的关系来讲，学业指导教师的地位是绝对主导和权威的，学生要严格遵从学业指导教师提出的有关要求和注意事项，接受他们的监督。20世纪70年代开始，国外的部分高校开始交流学业支持的实践经验，并主动评估学业支持的效果，不断进行工作的优化和改进。从此，学业支持步入了新发展阶段，开始着眼于学生长远全面的发展，以促进学生各方面能力的提升。与此同时，师生角色地位日趋平等，学业指导中学生也不再处于被动接受的地位，可以有更多的交流探讨。学业支持逐渐走向专业化、全面化，过去仅仅局限于帮助学生选课的支持已不再存在，指导和服务的内容已扩展覆盖到与学习相关的各个方面。

伴随中国高等教育的快速发展，国内的高校也开始逐渐关注和重视对本科新生的学业指导，也更努力为学生的全面发展和个性发展提供充分的条件保障。尤其是，随着“以学生为本”育人理念的贯彻落实，国内学者对学业指导工作定位也更加倾向于“学业支持”。其中，“支持”一词既包含了以学生为主体的教师指导，也体现学业指导教师主动作为，帮助学生来持续改进的系统服务，还要在学生顺利完成学业目标的指引下，为在校学生提供的一系列学习资源、社交资源和基本设施资源。在此基础上，综合邵兵等相关学者对“学业支持”内涵的阐述，“学业支持”就是以学生为中心，以辅助课堂教学作为出发点，帮助学生掌握所需的学习技能，对学生的学业提供引导、指导、辅佐、帮助等为手段的教育实践活动。

（二）学业支持工作的探索与实践影响高校人才培养质量水平

研究显示，对学生进行学业支持是夯实学生学业质量的最有力措施之一。大类培养模式改革，可以帮助学生在专业认知清晰的基础上，选择自己感兴趣的专业，切实提高专业满意度和学业稳定性。但“二次”专业分流机制带来的压力，即学业成绩是专业分流重要的参考标准之一，其倒逼学生必须要加强和重视学业基础。调研发现，大类培养模式下学生学业状况和学业需求情况不容乐观，24% 的学生在专业选择方面比较迷茫，43% 的学生缺乏学习动力，49% 的学生没有学习规划。为解决学生学业方面面临的这些问题，部分高校探索实践学业支持以配合人才培养模式的改革。2008 年，浙江大学开始全面实施大类人才培养新模式，组建了校院两级学业指导中心，组织“学哥学姐面对面”“学海导航”“导师零距离”等多样化的学业支持活动。调研效果显示，曾接受过学业支持的学生其学习适应性更快，更加明确自己的学业目标，自身对专业的满意度也更高。清华大学也成立了专门机构为学生提供学习发展指导，帮助学生解决学习中可能遇到的各种问题，也取得了不错的育人成效。2017 年，北京航空航天大学成立学业与发展支持中心，多种方式调研学生常见的学业困惑，积极采取一对一咨询、朋辈辅导、团体辅导、讲座报告和在线直播等学业支持措施，为学生成长服务提供有力保障。实践充分证明，学业支持工作能够为学生提供帮助和指导，夯实学业基础，化解专业分流带来的压力，为学生的长远发展打牢基础。

（三）个性化、多元化的学业需求对高校学业支持工作提出了新挑战

当前，大学生在学习过程中面临的问题日趋多元化，对个性化的学习指导需求越来越多。在大类培养模式下，学生个体之间存在学习基础等方面的差异，对学业指导的需求也各不相同。调研发现，近一半的学生对专业课程学习有辅导方面的需求，部分学生分别对基础课和实践课有不同程度的支持需求。此外，还有部分学生需要在科创、社会实践及学术讲座等方面给予帮助。可以说，学生的学业指导需求因个体差异，呈现出差异化和多元化的特点。对本科新生而言，还存在学习环境适应、学习方法掌握、学业基础差异较大等方面的问题。根据统计，近20%的本科新生通过国家专项计划、高校专项计划、民族班、内高班等途径进入大学，学业基础相对薄弱，适应大学学习生活存在一定的压力。个别学生更因为自制力不够、学习方法不恰当、主动寻求帮助能力不足等原因，导致课程学习跟不上正常教学节奏，学业问题不断累积，造成严重挂科、退学预警，甚至形成一定程度的心理问题，影响学生的健康发展。从立德树人的根本任务出发，针对现阶段学业支持工作面临的新挑战，高校要对学生个性化、差异化和多元化的需求提供学业指导，进一步加强育人工作的精细化程度，因材施教、精准帮扶，提供个性化、有针对性的学业支持服务，帮助学生高质量地完成大学学业，促进学生全面成长成才。

二、大类培养模式下学业支持工作存在的问题

目前，众多高校都在探索大类培养改革，在学业支持工作方面也进行了一定的实践探索。2017 年开始，北京市十余所高校投入大量资源和力量，配备了指导人员和工作队伍，开展系列学业支持活动，建立了学业指导示范中心。调研发现，学业支持体系在组织架构、体制机制、活动方式方法等方面仍处于探索阶段，具体工作开展仍存在缺陷，工作成

效还有待进一步提升。

（一）存在组织架构不健全、缺少制度文件指南问题

高校完善的学业支持组织架构和制度体系，可以最大限度帮助学生提升学习成效。研究发现，国外高校一般都设有比较专业化的学业指导机构，哈佛大学设有学业与个人发展中心，斯坦福大学为本科与研究生设置了学术生涯项目、研究生领导力和学术能力培养项目等。相比国外，国内高校的学业支持工作起步稍晚，一些高校还没有建立专门的学业支持与指导管理部门，学业支持组织架构不完善，人员队伍覆盖面小，专业性有待提高。同时，学业支持与指导的制度文件欠缺，未编制形成专业的学业指导手册，造成相似学业问题重复性劳动的局面。学业支持工作的制度建设比较薄弱，指导工作主要依靠学院学生组织开展朋辈经验分享为主，主题相对比较分散，还未形成规范化、模块化的体系。总体来看，学业支持工作专业性不够，长效机制缺位，学业支持制度体系建设还不够完善。

（二）存在学业辅导有效载体欠缺、资源保障不足问题

调研发现，大学生除上课以外，超过三分之二的其他时间安排，都是在学生社区度过的。从反馈的情况来看，学生社区中应具有重要的师资力量与相关服务力量，是第一课堂的有力补充，是学生间相互影响、提高学习能力、提升文化素养的第二课堂，具有学生人群集中、在社区时间长、氛围融洽的绝对优势。在学生社区，思想政治教育、专业教育等可以实现无缝对接，推进资源平台的互联互通。从成效来看，学生社区是高校人才培养目标达成的重要依托，为人才培养提供了有力支撑。从社区配给情况来看，部分高校的社区建设相对滞后，设备设施简陋，资源提供不足，无法满足学生对良好学习环境的要求，无法为学生提供更好的学习资源平台。因而，如何为学生打造资源充足、集中、便利、固化的学业支持与指导的场所与平台，以期解决育人载体平台欠缺的问题，已经成为学业支持工作的重要一环。

（三）存在学情掌握不精准、学业层次定位不清晰问题

从学业支持的工作逻辑出发，高校都会对学生的学业成绩进行数据分析，多角度、多层次分析每类学生群体的学习现状、学科知识掌握情况，做出整体学生的学情诊断，为学业支持提供依据，从而开展有针对性的学业施策。目前，绝大多数高校对学生学业需求缺乏前期调研，未能基于学生习性与推动学业支持的双重角度精准开展工作，从而无法充分调动学生参与学业活动的积极性和持续性。同时，调研发现，多数高校通常只是对学生成绩进行常规性分析，如成绩排名、及格率、平均分等，仅体现整体性水平，未能深层次按照录取类型、民族差异、宿舍情况等因素剖析学业成绩，导致无法真正掌握学情与学业层次的深层影响因素，无法对症下药为学业困难学生提供最合适的学习资源与学习路径。从学生分类卓越的角度出发，分阶段、分人群、分重点均衡开展更加细致全面的学业相关活动，构建高质量的学业支持工作体系，为学业支持工作注入一副“强心剂”。

（四）存在阶段性目标不明确、无法满足个性化需求问题

当前，2000 年后出生的大学生已经成为中国高等教育的主力军，其个性化、多元化的特征特性也日趋明显。他们所处的时代信息发达，多方位、多维度涌来的大量开放、新鲜、多元的知识信息对其产生了全方位的影响，他们的思维比较活跃，自我意识也相对强烈，对知识的需求也是多元又个性的。在此背景下，高校在育人方面需要提高工作的精细化程度，要对不同学习特点的学生群体开展学业支持工作。但中国高校大学生的学业支持实践工作尚处在探索的阶段，相关学业支持工作覆盖人群面大而泛，未能结合教育教学规律和大学生成长规律设置分阶段、分程度、分类型的目标，未能根据学生各种特点、学业困惑、学习需求等提供个性化的学业支持。因而，以学生为中心，明确阶段性目标，因材施教满足个性化学业需求，将是提升学业支持工作成效的关键举措。

三、高质量构建大类培养学业支持体系的实践探索

在大类培养条件下，加强本科新生学业支持工作，构建高质量学业支持工作体系，已经成为很多高校教育教学改革重点方向之一。从2017年起，北京航空航天大学秉承“学生是财富、课程是资源”的理念，开启了建校以来最大规模的人才培养改革，探索实施大类招生、大类培养，设立航空航天、信息、理科、文科四个大类进行专业教育，建立七个书院承载学生管理和通识教育，配套学生学业支持中心、“一站式”学生社区等，推进学生德智体美劳全面发展。北京航空航天大学士嘉书院主要承载航空航天大类本科一年级新生的教学支持、学生教育管理、通识教育等人才培养核心任务，主动加强学业支持工作顶层设计，努力构建以“适应大学学习生活，明确专业选择方向”为主题的学业支持工作体系，充分调动学生、班主任、任课教师、学业导师、助教、管理干部等各方面的积极性，帮助学生破解学业方面的重点难点问题，引导学生“热爱课堂、学会学习、学好课程、学通知识”。

（一）建立专门的学业与发展支持中心，完善学业指导制度体系

高校设立独立的学业指导中心，建立完善的组织架构和相对完善的指导制度，可以充分协调调动各方面的教育资源，指导在校学生学习与发展，满足学生多方面发展的需求，为提高学生学习能力尤其是自主学习能力提供基础保障。北京航空航天大学士嘉书院落实新时期人才培养模式深化改革的要求，充分发挥大类招生、大类培养、书院育人等人才培养新机制的作用，通过有效配置学校资源，加强院系层面的规划和组织协调，建立院级学业与发展支持中心，以“爱学习、会学习、学习好”为核心建设目标，围绕“学业指导、学风建设、学涯规划、学习状态跟踪分析”等主要内容，发挥由学业总导师、导师、班主任、辅导员、学业助理、“梦拓”导生组成的“六级联动”队伍力量，构建“适应性教育、学业辅导、专业认知、发展教育”四维为核心的学业支持体

系。同时，士嘉书院建立规范、完善的学业指导制度，保障学业支持体系有效运行。根据学业支持工作运行的实际需求，先后制定《学业与发展支持中心建设方案》《本科生班主任管理办法》《本科生导师制管理办法与评优细则》《本科生学业预警机制》《大类培养学业与发展支持手册》等系列制度文件，规范开展各项学业支持活动，规范学业指导人员的工作，以保障学业支持工作的有效进行。

（二）积极建设“一站式”学生社区，保障学业支持坚实载体后盾

教育部等八部门《关于加快构建高校思想政治工作体系的意见》中明确指出，要推动“一站式”学生社区的建设，将园区打造成为集学生思想教育、文化活动、师生交流、生活服务于一体的教育生活园地。建设“一站式”社区的主要目的，就是要充分动员高校全部的资源和力量，投入学生学业辅导、心理疏导、专业咨询、生活服务等实践中，为学生成长成才提供更加细化、高效、专业的支持服务。2019 年，北京航空航天大学入选教育部首批“一站式”学生社区综合改革试点高校。士嘉书院在学校的统一领导下，积极参与“一站式”学生社区建设，投入充足人力和资源，认真抓实软硬件配套保障等工作，深入推进“一站式”学生社区育人建设探索。当前，“一站式”学生社区覆盖了士嘉书院全部本科新生宿舍，内设学生自主管理空间、师生交流共享空间、自习室、图书阅览室、书吧、咖啡厅、健身房等各类保障设施场所，为学生提供了充足的学习服务资源，对保障学业支持工作的正常运行至关重要。可以说，“一站式”学生社区当中充足、集中、统一、方便的学习生活服务资源，很好地解决了学业支持工作育人载体的欠缺问题，把能够调动的一切领导力量、管理力量、思政力量和服务力量集中下沉到学生中间，将学生社区打造成为促进学生学业进步、生活满意度提升的良好载体，充分保障学业支持载体后盾，推动全面形成“三全育人”工作格局，切实促进学生学业发展。

（三）创建学业状态诊断数据库，掌握基本学情和分类定位学业级别

学业支持的对象是学生，学业支持工作要以学生为中心。从工作逻辑上讲，掌握学生真实学习状态，建立学业诊断数据库，更利于清晰定位学生学业层级，提高学业支持工作的科学化水平。在新生入学初期阶段，对新生学业基本情况进行摸底调研，包括新生高考分数、录取类型、高中阶段获奖情况等，初步建立新生基础数据库。学期中，利用问卷调研或访谈交流等方式，深入调研学生对学业支持的相关需求，包括学习适应程度、课堂融入与专业课学习体验等学习生活状况，以及对学业支持内容与形式的要求等，进一步掌握学业学情并充实学业诊断数据库。学期末，多维度分析学生学业成绩，通过挂科门次、分数等级来分类定位学生的学业级别，以此建立健全新生学业状态诊断数据库，以便后续有针对性、分层次给予学业支持措施。士嘉书院每学期初都将通过问卷调查等方式，对新生全覆盖开展“新生学习适应与学业需求”的学情调研，并形成《新生学习生活适应性调研问卷分析报告》等文件，了解学生学业现状与需求，形成基础学业状态数据库。在此基础上，书院还坚持从多个维度进行大数据分析，梳理学生大一上下两学期期末的学业成绩，包括书院整体层面、教学班层面和小班层面上各个科目的平均分、不及格率、优秀率、学业预警情况，同时还从宿舍整体情况、高考分数、录取类型（民族班、内高班等）、少数民族学生方面来进一步细化分析，从而健全学业状态数据库，成为反映书院本科新生学业发展情况的信息库，也用来评价反馈学业支持工作的基本数据。结合大数据分析，书院范围内针对性推行偏远地区少数民族生源扶持计划，精准开展重点科目“一对一”结对帮扶，保障全体学生跟得上、学得懂、不掉队，做到分层次、强针对、有温度的学业支持。

（四）提升学业指导核心支持力，助推实现阶段化学业发展与支持工作目标

学业支持目标的实现依赖于全面的学业支持工作。在“以学生为中心”的教育理念下，高校要针对各类学生在不同学习阶段的需求，突出基础覆盖和重点特色，设计不同层次、不同类型的学业支持内容，帮助学生解决学业发展中的重点难点问题。尤其是面对初入大学的大一新生，秋季学期开展全员覆盖的“新生适应性教育”，春季学期统筹规划实施专业宣传咨询周、专业咨询会、院长论坛等，全过程持续开展线下课程答疑咨询、考前串讲、分享核心课程优秀笔记等学业支持活动。在学业支持过程中，还要根据自身特点，强化核心特色内容，打造学业支持工作品牌项目。北京航空航天大学士嘉书院根据不同阶段的学业目标，有侧重地开展基础工作与特色工作。围绕“适应性教育”目标，开展参观一次专业实验室等“六个一”新生入学教育系列活动，组织“学风建设研讨”为主题的班会等活动，定期组织任课教师、课程助教、辅导员与学委开展交流座谈会等。围绕“专业认知教育”目标，依靠导师制开展导学活动，引导学生增强专业认知，以视频直播授课、网络辅导答疑等形式打造“助消化课堂”线上特色慕课，解决集中出现的学业难题，开展英语训练营、C 语言训练营、经验分享沙龙等精品活动，邀请院士、专家学者等高端人才举办学术讲座与报告，形成具有深层影响力的士嘉书院学业支持品牌工程。

四、总结与展望

构建高质量大类人才培养学业支持体系是有效提高人才培养质量的重要途径。从北京航空航天大学士嘉书院五年的调研数据来看，学业支持有效帮助学生提高了自主学习能力，基础核心课程不及格率相比之前下降了 50%，专业志愿明确率提高至 80%，学生的学业水平明显提升。展望未来，在贯彻落实中央关于自主培养高质量人才要求的实践中，高

校需要根据各自的人才培养目标与工作实际，不断进行实践探索，及时进行有效的学业支持与指导，针对性地解决新生初入校园在学习与生活诸多方面存在的不适应问题，为学生的长远发展打下坚实基础。从理论研究的情况来看，学业支持在中国高等教育领域仍属于“新兴话题”，有广阔的发展空间，未来仍需继续深入探索。从工作实践的角度来看，可以联动扩大资源下沉，丰富学业支持工作的战略维度，可以加强高校内部各专业学院的协同联动，可以协同高校间建立行业协会，可以组建专门的教育研究机构，将各类平台资源有机结合共享，凝聚合力将中国学业支持工作向着专业化、系统化、前沿化推进。从更长远的角度来看，建议将学业支持工作上升成为一门科学，注重顶层设计，从课程开发与研讨、课程内容优化、师资培训与管理等方面着手，构建全方位、立体化的学业支持课程体系，培养专职的、专业化的学业指导人才。

参考文献

[1] 牟蕾，杨益新，闫春更，龚思怡．高校大类培养改革实践：内容、实施与评价问题［J］．中国大学教学，2019（11）：70－74.

[2] 窦心浩，应才映．普通高校学习支持体系的现状与问题——基于上海4所大学的实证研究［J］．复旦教育论坛，2019，17（05）：68－75.

[3] 邵兵，张勇，彭飞．学风建设与学业支持系统构建研究［J］．黑龙江高教研究，2018（01）：139－142.

[4] Valenzuela J.，Miranda-Ossand ón J.，Gonz á lez-Sanzan A.，Munoz C.．Academic Supprt requtred by University student evidence for higher education academic support policies［J］．Formacion Universitaria，2021，14（3）.

[5] 李查．大类招生培养内涵、现实困境与路径探析［J］．教育教学论坛，2021（22）：9－12.

[6] 蔡翮飞，余秀兰．高校学业指导之审思：理论意蕴、现实困境及突破路径［J］．黑龙江高教研究，2022，40（01）31－37.

[7] 宋来．新时代少数民族大学生学业支持体系构建与优化［J］．云南民族大

学学报（哲学社会科学版），2019，36（01）129－134.

［8］夏建国，叶林娟．书院制背景下学生生活园区党建路径研究［J］．中国高等教育，2021（07）：34－36.

［9］严明，潘志娟，蒋闰蕾．高校“一站式”学生社区综合育人研究［J］．学校党建与思想教育，2022（02）：61－63.

［10］王懿．高校“一站式”学生社区建设的价值意蕴、现实问题与实践理路［J］．思想理论教育，2022（02）：107－111.

［11］蒋洪池，龚琬晶．融合教育理念下英国高校残障大学生学业支持服务的现状、特点及启示［J］．中国特殊教育．2022（05）：42－49.

［12］林冬冬，徐硕．“一站式”学生社区综合管理模式育人研究［J］．学校党建与思想教育，2023：90－93.

附件5　论文2
《大类培养视域下本科生导师制的实践与探索——以北航士嘉书院为例》

大类培养视域下本科生导师制的实践与探索——以北航士嘉书院为例

谢贝贝　门雪洁　王雷华

（北京航空航天大学士嘉书院）

摘　要：近年来，大类培养成为高等教育改革的热点与趋势，在大类招生背景下实施本科生导师制是高校立德树人的内在需求，有利于提高高校人才培养质量。自2017年起，北京航空航天大学实施以“大类招生、大类培养、通专融合、书院管理”为核心的人才培养模式改革，实施本科生导师制，提升导师在人才培养中的贡献率。本文以北航士嘉书院为例，梳理介绍书院制模式下本科生导师制的实施概况与存在问题，分析原因并提出探索通专融合育人模式的顶层系统设计，明晰本科生导师角色定位，建立导师与辅导员长效沟通机制，健全监督机制与激励机制，加强与专业学院的联动沟通等对策，以期对其他正在或准备实施本科生导师制的高校提供一定参考。

关键词：大类培养；本科生导师制；人才培养

本科生导师制起源于14世纪的英国牛津大学，是一种以制度化的形式在导师与学生之间建立起个性化指导关系的实践模式。我国的本科生导师制最早萌芽于古代先秦时期，对学生的指导主要分为两类，即指导学生学和指导学生研究，是一种个别指导的教学方式。但未形成明确成文的制度，中国也未能成为现代导师制的诞生地。对比国外高校，鉴于导师制的良好实施成效，本科生导师制受到认可并广泛实施。美国哈佛大学于1916年开始实施导师制，并于1951年规定导师指导学生数量不得多于6人；麻省理工学院要求学生在选修课程上所选科目必须经导师批准。20世纪30年代，我国开始引入牛津大学导师制。近年来，随着我国高校教育教学改革不断深化，教育现代化加速推进，本科生导师制在人才培养中的优势逐渐凸显。21世纪初，清华大学、北京大学等越来越多的知名高校也开始实施本科生导师制。本科生导师制是高校创新人才培养机制，并进一步深化本科教育教学改革、全面提高人才培养质量的必然选择，有利于发挥教师在人才培养中的主导作用，促进学生个性发展，构建教学相长的新型师生关系。

一、问题提出

基于大类培养的本科生导师制是高校广泛实施的人才培养机制，是提高新生大学适应性的有效途径。但在实施过程中，高等教育改革形势、大类人才培养模式与书院改革发展等因素在一定程度上也影响着本科生导师制的实践探索和实施成效。

（一）高等教育改革对本科生导师制探索提出新要求

导师制的突出特点是师生互选，建立“师徒”关系，由导师对学生的思想、学习、生活等方面进行指导。随着高考招生范围扩大，高校人数剧增，如何提高人才培养质量是高等教育面临的新挑战，部分高校开始尝试探索实施本科生导师制。2002 年，北京大学在新生中开始探索实行“个性化教育”的本科生导师制，每位导师带 5 名左右学生，按照学生的个性和经历来帮助学生全面发展；浙江大学动物科学学院在本科生第四年实施导师制，全面负责本科生一年内的学习、生活等日常管理。中国特色社会主义进入新时代，教育的基础性、先导性、全局性地位和作用更加凸显。从全球来看，当前新一轮科技革命和产业革命正在孕育兴起，重大科技创新正在引领社会生产新变革，互联网、人工智能等新技术的发展正在不断重塑教育形态，知识获取方式和传授方式、教和学关系正在发生深刻变革。人民群众对教育的需求更为多样，对更高质量、更加公平、更具个性的教育需求也更为迫切。《中国教育现代化 2035》中提出，推进教育现代化要更加注重面向人人，更加注重因材施教，这对导师制如何切实发挥育人成效，更好发展人的主体性和创造性提出了新要求。

（二）大类人才培养对本科生导师制实践提出新要求

高校逐渐推行大类招生培养模式是时代和社会发展的需求和必然要求。大类招生培养是指相同或者相近的学科门类所属院系中部分专业合并成大类进行招生，学生按照大类进行志愿填报和录取；在大类培养阶段结束后，再分流进入专业学院进行专业课程的进一步学习。目前我国已有不少高校试行“大类招生”这种新型的人才培养模式，打破学科界限，重视通识教育培养，使学生广泛接触到大类学科下不同的学科领域，为社会培养复合型人才。比如，在世界一流大学建设背景下，清华大学、中国科学技术大学等一批高校在大类培养及大类招生方面开展了积极的实践探索，大类培养已逐渐成为高校人才培养改革的重要突破口。2017 年起，北京航空航天大学探索实施以“大类招生、大类培养、通专融合、书院管理”为核心的人才培养模式改革。为使大类招生与大类培养进行有效衔接，学校成立“北航学院”，并按照招生大类设置了士谔、冯如、士嘉、守锷、致真、知行、传源七大书院，覆盖一年级大类本科生，强化通识教育，实施导师制，开展社区育人。但在大类招生与培养模式下，学科专业间结构性矛盾激化、各种分流不稳定因素多、新生学习适应难度大、学生专业选择不明确或选择结果分极化等问题也对实施本科生导师制提出新要求。

（三）大类培养下书院改革发展对本科生导师制探索提出新要求

书院制是实现通识教育和专才教育相结合，力图达到均衡教育目标的一种学生教育管理制度。在书院制的育人方式下，实行本科生导师制，为本科生配备来自专业学院的教师作为其导师，对学生进行思想引领、生活关怀、学业指导、学术引领等，以充分发挥导师的育人角色功能，促进学生个性化与全面化发展，提升人才培养质量。北航学院作为北航深化教育教学改革的重要基地，重视学科交叉能力的培养，重视通识与专业并重的综合素质培养，注重学生的个性化发展需求，注重发挥书院制在教学模式与方法改革中的作用。自成立以来，北航学院一直着力推进导师制建设，提升导师在人才培养立德树人中的贡献率，打造“三全育人”体系。以士嘉书院为例，2019 年书院共开展集体导学 2961 次，平均每位导师组织 7 次活动，参观实验室、导学读书会、文体活动、师生共膳、学术沙龙、人生规划、外出游览、生活漫谈等，导学内容精彩纷呈。在集体导学的基础上，导师与学生一对一的个体辅导达 1244 次，覆盖书院三分之一的学生。导师针对学生个人情况进行定制化辅导，从细微处渗透心理健康、人身财产安全、学习状态转变、时间管理、人际关系等内容，从根源上解决学生学习生活问题。但在实施过程中，导师制贯彻不到位、导师内在驱动力不足、学生缺乏主动性等问题，致使导师制流于形式。如何在大类培养模式下，真正使本科生导师制落地实施是本科生导师制面临的新要求与新挑战，亟待解决。

二、书院导师制实施存在问题与原因分析

（一）导师制实施成效

在推行和实施导师制的过程中，士嘉书院根据导师制实施方案，围

绕思想引领、学术引导、学业指导、生活关怀、职业规划等方面开展了一系列导学活动，并初步取得了实施效果。

1. 师生良性互动，助力学生成长

依托导师制实施方案，书院导师制稳步推进，导生之间积极组织丰富多样化的导学活动。据统计，书院每届大概配备 75 名导师，师生比约为 1∶6，每学年平均每位导师开展 4 ~ 8 次活动，比如，师生共膳、参观实验室、博物馆、聆听导师组会、一对一谈话等。具体数据如下表 1 所列。

表 1　2017—2020 级秋季学期士嘉书院导学活动开展情况表

年级	导师数量	导学活动次数	平均每位导师次数	总活动次数
2017 级	83	699	8.4	4764
2018 级	74	464	6.3	3100
2019 级	78	530	6.8	3180
2020 级秋	75	327	4.4	1900

从表中数据可以看出，三年多以来，书院导师怀有饱满的热情与耐心，积极组织开展多次导学活动，师生之间互动频繁。导师通过导学活动从思想引领、学术引导、学业指导、生活关怀、生涯规划等方面对学生个人进行定制化辅导，帮助解决学生学习生活问题。

2. 导学共促共赢，实现教学相长

自实施导师制以来，书院制定导学活动大纲，明确导师阶段性工作任务，推动导师制深入开展。在导学活动中，导师积极发挥自己在科研经验方面的优势，指导学生积极参加“冯如杯”学生学术科技作品竞赛以及其他创新实践活动，培养学生的科学思维，提升学生的基础科研创新能力，收效良好。士嘉书院 2019 级全体学生均参与“冯如杯”竞赛，在导师的指导与帮助下，书院共有 31 项获奖，荣获书院组唯一“优胜杯”，切实发挥了导师在本科生科研训练方面的作用。与此同时，导师也提升了科研水平，实现了教学相长。

3. 持续完善机制，提供制度保障支持

自导师制实施以来，士嘉书院先后发布两版《士嘉书院本科生导师制实施方案》、《士嘉书院本科生导师制导学活动大纲》以及《士嘉书院本科生导师工作考核及评优细则》，明确导师工作任务和考核办法，为导师制的实施提供制度保障支持。同时，书院为导师制的实施配置了完善的指导委员会，其中，学业总导师主抓顶层设计，书院执行院长负责配合学业总导师，帮助统筹协调与支持保障，专职辅导员负责学生动员组织工作，学业助理负责导师制开展的具体事务性工作，导学小组的学生组长配合导师完成具体导学活动的实施，书院聘任的导师负责对学生的具体指导和帮助。环环紧扣，层层设计，投入大量人力物力，真正保障导师制实施过程有章可循。同时，从学期初的导师研讨培训、学期中的学生座谈听取活动反馈，到学期末的导学活动互评，形成了完整的监督评估闭环。

（二）导师制实施存在问题及原因分析

三年多以来，士嘉书院一直在导师制方向积极创新性探索，取得一定成效，但在实践过程中也认识到，书院的本科生导师制在顶层设计、人员定位、协作机制、量化考核等方面还存在不足。

1. 导师制顶层设计缺乏系统规划

目前书院开展的通识教育和专业学院开展的专业教育，还存在着顶层设计不系统、衔接不完善、学生培养不连续、效果评价不全面的问题，导师制的落地实施主要依赖于各个书院或者专业学院的自我探索，造成导师制定位多样、实施路径多元等情况，缺乏自上而下的顶层系统设计，无法统筹协调导师制开展的人权物等资源，致使难以真正发挥导师制的实效。

2. 未清晰定位导师的角色

在实施导师制的过程中发现，书院对导师的职责定位过于宽泛和模糊，仅仅只是从宏观方面定位导师的职责是思想引领、学术引导、学业指导、生活关怀、职业规划等。宽泛的职责定位往往让导师感到无所适从，在工作中没有具体抓手和目标导向，未能清晰地将“职责”落地到位，未能充分调动导师的工作积极性。例如，士嘉书院在实施导师制的过程中发现，不同导师开展的导学活动次数不均衡、时长不同，导师与学生参与积极性不高，无法提高导师内在驱动力。

3. 未建立导师与辅导员的长效沟通机制

辅导员与导师在学生培养过程中，有各自的角色定位和职责范围。比如，辅导员主要参与学生的生活与课外活动等方方面面，并提供教育与引导，导师给予学生专业方面的指导，两者的工作目标有共通性，不能把两者在服务学生与指导学生方面的任务完全区别与割裂。但书院在践行导师制的过程中发现，导师的科研指导和辅导员的思政教育育人合力不足，主要原因在于辅导员与来自各个专业学院的导师之间沟通交流机会少，探讨不深入，协作不及时，缺乏长期有效的沟通机制。

4. 缺少对导师的量化考核指标，激励和监督机制不完善

根据书院导师开展活动情况统计发现，书院的不同导师开展导学活动次数不均衡。尽管书院制定了导师考核细则，但由于缺乏对导学活动的有效监督机制，对导师工作量的量化考核也并不准确。比如，导师与学生电话沟通、私下谈话等这些情况无法有效具体记录，工作量被量化为具体学时数存在困难。同时由于导师是由书院选聘，在人事关系上归属专业学院，专业学院对导师的支持投入少，书院难以提供有效的激励措施，缺乏配套的激励机制，难以最大程度推动导师落实导学工作的动力。

5. 与专业学院联动不足，未能实现信息反馈闭环

如何加强书院与专业学院联系，实现双院协同育人，很大程度上将影响“三全育人”的真正实施效果。但是书院在实施导师制的过程中也发现，导师来自各个专业学院，而目前书院与专业学院之间沟通渠道并

未全部畅通，平时沟通不紧密，对导师选聘、导学活动落实情况、导师考核等情况不能及时反馈沟通，双院协同育人效果有待提高。

三、本科生导师制的完善对策

导师制是书院改革过程中的尝试性探索，在实施过程中存在些许不足，基于书院在推进导师制过程中存在的一些问题，提出几点工作思考。

（一）探索通专融合育人模式的顶层系统设计

在大类培养下，书院制建设可尝试探索以大学四年为周期，打造“通专融合、全过程全周期”的书院育人工作体系。比如，从大类培养的目标和学生大学四年成长过程出发，加强通识书院与专业学院在人才培养上的衔接，在学生大一完成专业选择以后，使导师继续兼顾书院教育与学院教育部分工作，解决学生在学习、生活和发展等多方面的需求。基于此，我们可探索双导师模式，即学业导师与生活导师分工合力育人，优化导师成效，合力关注书院学生大学四年全过程全周期的成长发展。

（二）明晰本科生导师角色定位

明确的工作职责和精确的工作目标是本科生导师开展工作的行动指南针。对本科生导师制的理解内涵有偏差，对导师角色定位模糊和宽泛会致使导师制工作没有重点和着力点。明确导师的本职工作是帮助学生制定合理的学业规划、做好科研学业指导和学业帮扶、鼓励学生做好职业规划。同时，明确导师的关键作用是将通识教育与专业教育贯通起来，促进学生全面了解大类的不同学科和专业，帮助学生选择适合自己的分流专业，达成建立学科专业基本认识的目标。

（三）建立导师与辅导员长效沟通机制

在育人环节，书院本科生导师与班主任、辅导员都是大学教育的重要组成部分，辅导员面向全体书院学生，侧重于对学生群体的党团建设、社区建设、教育活动开展、危机处理、奖助评优等；班主任面向所带班级，侧重于班集体建设与学风建设，对学生进行生活上的关心与学习上的帮助；导师则主要面向自己所负责的学生，侧重于对学生的学术引导、学业指导、发展辅导与生涯规划等。三者在实际育人过程中因工作职责内容偏重不同，彼此之间沟通交流机会比较少，但各方育人的目标本质是一致的。基于导师与辅导员两类群体对学生形成的不同效应，建立辅导员与本科生导师沟通会制度，架起双向沟通桥梁，实现“导师—学生—辅导员”三位一体的三角稳定效应，将有助于对本科生的教育、管理与培养，实现协同育人。

（四）健全本科生导师的监督机制与激励机制

当前导师制的贯彻落地不扎实，应建立有效监督机制，量化细化导师工作量。比如，导师每周需要与每一位同学进行不少于一次的线上交流；每两周开展一次面对面的导学活动；每学期对每位同学至少进行一次的单独辅导，每次指导时间不少于 1 小时；每个月向专业学院通报导师开展活动情况等。除有监督机制外，也要有相应配套的激励措施。比如，学院及各专业学院在人员、场地和资金等方面要对导师制建设给予充分的支持，不让导师“义务劳动”，以便增强导师工作的积极性。对于所有参与导师制工作且考评合格的老师，将按照一定数量的课时标准计入教学工作量；入选国家“四青计划”的教师待遇按科研院相关政策执行。学院为担任导师的教师颁发聘书，提供场地、活动经费等必要资助，并对考核优秀的导师给予表彰及奖励。

（五）加强双院协同，形成育人合力

学生就是最宝贵的资源，将学生培养成一流人才是学院的重要任务。学院及相关专业所在学院是一个人才培养共同体，但目前书院与兄弟书院交流、专业学院合作、社会企业交流等方面还存在着工作视野不够开阔、工作体系不够完善、吸引转化资源能力不足的问题。积极

构建书院与专业学院、书院与学校其他部门的合力育人的协同模式，增强与专业学院的联系沟通，建立常态化沟通机制，形成有效的工作联动机制，在双向反馈中提高育人质量，是书院进一步探索的重要方向。

四、结语

《"十四五"时期教育强国推进工程实施方案》中提出，高等教育要注重创一流。本科生导师制是深化高等教育改革的有效途径，是通专融合教育的重要组成部分。士嘉书院是北航"大类招生、大类培养、通专融合、书院育人"人才培养改革的积极倡导者和先行者，自成立以来，一直积极探索与实践大类培养与书院制下导师制的人才培养模式，并坚持问题导向，在反思与不足中不断优化导师制。本文以期能为我国高校书院制建设提供参考，为创新人才培养模式的发展提供新路径。

参考文献

[1] 王辉，王卓然．牛津大学导师制发展探究及启示［J］．黑龙江高教研究，2012，30（09）：23－25.

[2] 王俊丽．我国大学本科实行导师制的必要性、可能性和可行性［D］．长沙：湖南师范大学，2005.

[3] 杨仁树．本科生全程导师制：内涵、运行模式和制度保障［J］．中国高等教育，2017（06）：58－60.

[4] 张莉敏．本科生导师制的发展及完善对策［J］．科技创新导报，2019，16（31）：207－208.

[5] 中共中央、国务院印发《中国教育现代化2035》［EB/OL］．［2019－02－13］．http：//www.xinhuanet.com/politics/2019－02/23/c_1124154392.htm.

[6] 郑朝荣．高校大类招生培养的现状分析与对策［J］．教育教学论坛，2016（24）：69－70.

[7] 牟蕾，杨益新，闫春更，龚思怡．高校大类培养改革实践：内容、实施与评价问题［J］．中国大学教学，2019（11）：70－74.

[8] 王昭，杨洁．书院制建设背景下学生管理工作精细化的探索与实践——基于河北大学工商学院研究［J］．教育教学论坛，2015（25）：142－144.

附件 6　教改立项项目《航空航天大类本科新生专业认知教育的研究》

一、研究内容摘要

本研究在大类培养的背景下，围绕北航航空航天大类专业认知教育的实践与探索，结合当下专业分流实施过程中存在的专业认知不足，提出适用于航空航天大类的专业认知教育新策略、新体系，旨在提高教学质量和专业认知教育水平，因材施教培养复合型、创新型人才。

二、立项依据

（一）研究意义

党的十九大报告提出要办人民满意的教育。习近平总书记在全国高校思政会上提出高校要把握立德树人的中心环节，必须牢牢抓住全面提高人才培养能力这个核心点。北航党的第十六次代表大会也明确提出要培养“理想高远、学识一流、胸怀寰宇、致真唯实”的领军领导人才。目前，大类招生的培养模式国内大部分重点高校都已实施，这一模式对人才的培养效果符合社会发展趋势与需求。推动专业认知教育成为大类培养模式的关键环节，具有以下重要意义。

1. 有利于因材施教和复合型创新人才的培养

在大类培养模式基础上的专业认知教育能发挥其因材施教以及学科

交叉和融合的培育优势，为学生发展成为优秀复合型、创新型人才创设平台，从而实现较大范围内的多层次、多规格教育。

2. 有助于提高教学质量和专业建设水平

一方面，专业分流让学校教师资源适度紧张，重视教学水平的提升。另一方面，招收生源会直接影响高校专业建设发展。可以说，专业认知教育能有效督促高校提升专业建设水平，用实力获取发展。

3. 有助于增强竞争意识，契合社会需求

近年来普遍存在高校毕业生的供给结构与社会需求结构不协调。随着国家创新驱动战略的实施，高校应当坚持需求导向，在优化调整人才培养结构上有所作为。专业认知教育则能够有效缩短专业教育与就业市场的距离，进一步培养社会所需的各类人才。

（二）现状分析与存在问题

随着国家和经济社会对创新型高素质人才的需求愈来愈大，加上信息化时代对传统教育模式的冲击，新时代人才培养呈现出以人为本的特点，尊重个性化差异、探索精英化培养、注重创新型培养、打造全方位育人格局是人才培养关键之举，加强专业认知教育则是其中重要一环。目前专业认知教育以及专业分流工作存在的主要问题如下。

1. 各专业间生源质量不均衡

大类培养教育模式的推进开展有助于培养全面发展的复合型创新人才，但也加剧了各专业生源分配差异，出现热门专业生源质量明显优于其他专业的情况，直接影响高校专业建设水平。

2. 学生对专业认识不全面

学生在专业分流过程中心理上呈现扎堆倾向，除热门专业外未对其他专业进行详细透彻的了解，专业选择时出现跟风随大流的情况。

3. 书院宣传力量调用不足

问卷调研结果显示，现阶段大类培养框架下学生专业选择的最主要信息来源是“梦拓”导生，专业宣讲与学业导师在专业分流中发挥的引领和宣传作用有待进一步加强。

4. 书院间协调交流不充分

航空航天大类各书院间专业认知教育工作组织相对独立，书院间缺乏互动配合，未在大类层面构建形成协同高效的专业认知教育工作体系。

（三）发展趋势

1. 专业认知教育定位注重衔接性

专业认知教育是大类招生培养模式前期通识教育和后期学院培养阶段专业教育的衔接点，承接本科基础教育与本科专业培养。就其本质而言，是高校本科教育体系中不同阶段之间的关键衔接。

2. “学生选择”耦合“高校引导”

这是高校专业认知教育的范式，也是内在要求和本质体现。不仅进一步明晰高校在专业认知教育中的引导者、服务者角色，还明确学生在专业认知教育中的中心地位、主体地位，即高校是学生专业选择的引导者，学生是高校引导下的选择主体。

3. 在改革中向开放多元方向发展

高等教育正在立足本土、走向世界，朝着开放、多元的方向快速发展。作为高校人才培养环节之一的专业认知教育，亟须顺应高等教育的改革浪潮。

三、项目实施方案及实施计划

（一）研究目标

落实学校新时代人才培养方针，进一步提升专业教育质量，优化学生专业认知教育成果。

激发专业学院开展专业宣传的驱动力，以分流结果为导向，提高学生参与专业宣传活动的积极性，让学生切实了解学院及专业特点。

加强合理引导，避免盲目跟风带来的恶性竞争现象，使得教育资源最大化利用，实现专业生源成绩正态化分布，为学生发展提供更多成长通道。

（二）方案原则

1. 目标导向原则

理想状态下各专业学生成绩分布符合正态分布，有效利用学校的教师、条件保障等资源，为学生的发展提供更多成长通道，降低教师资源的浪费，避免学生跟风、扎堆带来的恶性竞争。

2. 引导原则（国防紧缺专业）

学校专业质量没有明显的本质差别。为了让每个学院、专业都能够分流到较为优秀的生源，特别是保障国防紧缺专业的生源质量，应按照满足率由低到高的顺序，优先支持专业招生第一志愿满足率比较低的学院。

3. 信息透明原则

包括宣讲方案透明、学生上课信息透明和书院活动安排透明，构建管理层信息公开化平台。

4. 有限竞争原则

尊重各学院专业宣传周的主场地位，支持各专业学院举办面向书院层面的宣讲活动。在此基础上，各学院可以举办定制化的特色活动，满足学生的个性化需求。

5. 加大激励原则

将各专业学院活动设置为博雅课程，给予学生一定学分激励。要求学生至少选择三个不同学院的专业宣讲活动。

6. 密切联系原则

全覆盖走访专业学院，交流书院教育教学工作情况以及专业选择相关情况，增强书院与学院间沟通配合。

7. 能力提升原则

为提升书院工作团队的专业引导能力，在各学院专业宣讲时，要求专兼职辅导员全面参与旁听，了解专业学院的发展。

（三）方案计划

1. 充分调动专业宣传力量

优化专业宣传工作方案。为激发专业学院开展专业宣传教育的创造性和积极性，举办专业宣传教育方案交流会，各专业学院相互了解工作方案、相互借鉴、查漏补缺、讨论提升。

提升执行团队专业引导能力。为加强书院工作团队对各专业学院的了解，能够给学生做出正确的专业引导，要求书院工作团队辅导员参与到各学院专业宣讲当中，了解专业学院的发展，为学生专业选择平稳落地保驾护航。

充分发挥学业导师、班主任、辅导员的引导作用。开展学业导师专业认知教育专题培训工作，积极发挥学业导师在大类培养及学生专业选择中的引领引导作用，为学生提供稳定可靠的信息来源。充分发挥班主任和辅导员的教育引领作用，将专业认知教育渗透学生日常学习生活中，多层次提升学生专业认知水平与能力。

积极开展面向学院的走访调研。由书院执行团队、班主任、辅导员等组成调研小组，对航空航天大类 9 个专业学院开展每年一轮的走访调研，深入考察专业实际情况，提升专业认知教育能力，为后续专业认知教育工作奠定基础。

开展辅导员轮岗锻炼。书院、学院辅导员轮岗锻炼，以此促进辅导员对不同维度的专业认知教育相关工作的了解，在工作实践中提升专业认知教育能力与水平。

进一步开展对 2020 级、2021 级学生专业认知教育情况调研。在已有信息的基础上拓展调研深度，增加调研广度，以多种方式获取最真实有效的学生专业认知教育状况，为后续开展专业认知教育工作奠定信息基础。

选拔学院专业咨询师。学院提供 1 至 2 名对学院工作、教育、学科情况有深入了解的资深教师担任学院专业咨询师，接受学生咨询。担任专业咨询师的任期为一年，各咨询师提供的专业咨询服务始终贯穿学生本科培养。

2. 加强学生专业认识广度和深度

加强学生对各专业的认知深度。为尊重各学院专业宣传周的主体地位，引导各专业学院不在其他学院宣传周内举办大规模宣讲活动，确保各专业学院开展专业宣传教育工作的公平性。

重视学生对各专业的认知广度。为让学生尽可能多地了解不同的专业学院，在书院博雅方案中增设必修选项，要求学生参与不少于三个不同学院的专业宣讲活动，促使学生广泛了解。

提高学生参与活动的积极性。为鼓励学生自觉参与专业认知教育，加强激励，鼓励各专业学院活动开设博雅课程，让学生主动参与。

提前开展专业认知教育工作。将专业认知教育工作的时间节点调整至大一上学期第 9 周左右启动，让学生提前接触专业相关内容，方便后续专业宣讲工作持续深入开展。在下学期第 15、16 周前，大规模的专业宣讲活动结束。原则上，按照第一志愿满足率由低到高的顺序选择宣讲时间窗口。

形成专业认知教育资源共享机制。积极开展（如实验室参观、学院特色学科文化教育等）多种形式的专业认知教育，整合专业认知教育资源并形成资源共享机制，系统性、多样化地开展专业认知教育。

3. 构建专业认知教育协作交流平台

密切开展双院协同。为加强专业学院与书院的协同联动，航空航天大类书院走访各专业学院交流教育教学工作情况，为专业宣传工作提出意见或建议，保障专业宣传工作稳步推进。

推行双院领导沟通协调会机制。各书院互通有无，协调配合，搭建书院间专业认知教育协作交流平台，形成航空航天大类层面的专业认知教育工作小组。各书院学院充分发挥各自优势，取长补短，协同开展。

形成双院间闭环反馈与动态调整机制。学院对学生专业分流满意度开展调查研究，形成可视化调研报告并反馈至书院；书院基于此实施专业认知教育及动态调整，不断完善专业认知教育工作体系。

搭建学院专业认知教育学习平台。各学院结合专业认知教育工作汇报及学院分流生源质量满意度情况，总结具有学院特色的专业认知教育方法，开展学院间交流学习，优势互补。

保持专业宣传活动消息及时传达。避免专业学院组织活动信息传达不到位情况，组建专业宣讲工作群（包含所有带班辅导员及各专业学院专业宣传工作负责人），清除信息传递死角。

四、成果形式、实践设想及创新点

（一）成果形式

成果形式主要为书面式，形成专业认知教育工作研究报告一份，形成航空航天大类本科新生专业认知教育方案一份。

（二）实践设想

1. 重视专业认知教育工作顶层设计

在整合优化院系和专业之间教育资源的基础上，逐步扩大专业认知教育覆盖面，根据不同的人才培养目标科学合理地设置专业认知教育时间，在专业容量范围内以学生分流志愿作为专业分流的依据。

2. 提升学生专业选择理性度

培育学生的信息意识与能力，引导学生主动获取专业认知教育的相关信息，培养学生自我意识，明晰自身兴趣与个性特点，加强职业生涯探索，积极开展职业生涯规划，将自身个性、专业特点和社会需求进行匹配。

3. 加强专业分流程序引导

加强对分流程序的说明，承担起对分流程序的详细介绍的任务，建立学生专业选择的指导机制，同时可开展职业生涯教育，引导学生将职业生涯规划与专业选择结合。

4. 建立专业认知教育长效机制

充分尊重学生专业选择的意愿，尝试满足专业认知教育中学生的个性化要求，建立相应高校专业分流补偿机制，实现因材施教，全面育人。

（三）创新点

1. 进一步优化专业认知教育工作安排

将专业认知教育工作的时间节点调整至大一上学期第 9 周开始，每周形成专业宣传周报，帮助学生充分了解专业情况。

2. 构建系统完善的双院协同平台

密切走访联系各学院，开展双院领导沟通协调会议，加强书院间交流协作，共同保障专业认知教育工作稳步推进。

3. 构建引导学生意愿与专业培养需求相适应的分流机制

按照“志愿优先、成绩排序、计划控制”的分流规则，从制度上保障学生的专业选择自主权，提高学院及学生竞争意识。

五、教学改革基础

（一）前期与本项目相关的教学改革工作成果

1. 书籍：王雷华，马锐．航路嘉语［M］．北京：北京航空航天大学出版社，2022 年。书中归纳总结了书院五年来专业认知教育工作相关的开展内容。

2. 手册：士嘉书院专职辅导员邵英华于2018年主持教改项目《北航学院学业与发展支持工作手册》，为书院学业与发展支持工作提供了参考。

（二）申请人和项目组成员所承担的教学改革项目情况

1. 基于党支部引领的学院研究生工作协同联动机制研究，北航党建重点课题，2020。

2. 基于协同联动的学院研究生工作机制研究，北航研究生教改课题，2019。

3. 北航江苏招生困境破解的理论研究与实践探索，北航高等教育战略管理课题，2019。

4. 基于政治建设视角的北航党校教育体系建设，北航党建一般课题，2019。

参考文献

[1] 吴淑芳，王嘉铭．大类招生培养模式对普通本科院校课程体系建设的启示 [J]．西部素质教育，2018，4 (15)：8 – 10.

[2] 禹奇才，蔡忠兵，苗琰．推进高校大类招生改革若干问题的探讨 [J]．高教探索，2014 (1) ：136 – 139.

[3] 李广玉，蒋茁．书院制模式下的本科生国际交流项目建设探究 [J]．教育探索，2020 (07)：32 – 34.

[4] 张军．践行核心价值观 传承弘扬大爱精神 [J]．北京教育 (高教)，2016 (01)：31 – 32.

[5] 耿睿，詹逸思．中国大学生学习与发展指导体系构建研究——以清华大学学生学习与发展指导中心为研究案例 [J]．江苏高教，2012 (06)：71 – 73.

[6] 娄延常．大学生学习指导中应正确处理的几个关系 [J]．教学研究，2002 (03)：204 – 206.

[7] 李芊．大学本科生学业指导研究 [D]．武汉：华中农业大学，2017.

[8] 陆逸珈．大学生听讲座：意义、现状及对策 [J]．剑南文学 (经典教苑)，2013 (05)：240 – 241.

[9] 高玉蓉，邓逢光．高等教育国际化背景下的高校教师素质研究 [J]．教育与职业，2011 (5)：42 – 44.

[10] 曾祥明，曹海月．本科生导师制的思政教育功能与实践路径研究——基于中国矿业大学（北京）本科生全程导师制的考察［J］．江西广播电视大学学报，2019，21（04）：70－73.

[11] 肖涵，戴静雅．新时代高校辅导员角色认知及履职理念［J］．学校党建与思想教育，2018（23）：87－88.

[12] 曹雪梅．高校辅导员开展思想政治教育工作的四维方法［J］．教育教学论坛，2013（11）：271－272.

[13] 刘以建，薛士龙，耿攀，郭燚，黄建忠．依托校外实习基地开展实践教学的探索与实践［J］．中国电力教育，2014（36）：197－198.

[14] 李帆，马红健．"三全育人"视角下大学新生适应性教育探析［J］．高教论坛，2020（08）：70－73.

[15] 牛铁柱．大学新生入学教育新模式——用西点军校方式管理学生全面成才［J］．科技创新导报，2010（23）：166.

[16] 刘德才．加强大学新生适应性教育的三个着力点［J］．思想理论教育导刊，2020（03）：150－153.

[17] 刘云．国外大学新生入学教育对我国的借鉴与启示［J］．焦作师范高等专科学校学报，2013，29（04）：72－74.

[18] 亓迪．融入隐性思政教育的"渗透式"课程思政探索——以"大学英语"为例［J］．景德镇学院学报，2021，36（04）：41－45.

[19] 杨金铎．中国高等院校"课程思政"建设研究［D］．长春：吉林大学，2021.

[20] 阎志坚．深化重大问题的认识 进一步改进和加强高校思想政治工作［J］．高校辅导员学刊，2017，9（02）：1－2.

[21] 王悦．新时代西安高校青年马克思主义者培养机制研究［D］．西安：西安科技大学，2021.

[22] 王懿．高校"一站式"学生社区建设的价值意蕴、现实问题

与实践理路 [J]. 思想理论教育，2022 (02)：107 - 111.

[23] 庄玉琳. 高水平行业特色大学一体化育人模式探索与实践 [J]. 北京教育 (高教)，2019 (06)：35 - 37.

[24] 陈泽源. 对思政课是立德树人根本任务的关键课程的思考 [J]. 科教导刊，2021 (13)：61 - 63 + 104.

[25] 郭祖博，张迎晨. 书院制背景下的新型朋辈教育模式探索——以北京航空航天大学知行书院"梦拓计划"为例 [J]. 西部素质教育，2017，3 (08)：110.

[26] 李响. 学风建设主导下的多元化学业支持机制研究 [J]. 科教导刊 (下旬刊)，2020 (27)：17 - 18.

[27] 范智军，郑丽艳. 课程思政内在机理及实施路径选择 [J]. 太原城市职业技术学院学报，2020 (06)：189 - 191.

[28] 汪建华. 略论大学学习开局与学习方法 [J]. 中国大学教学，2007 (09)：61 - 62.

[29] 刘洋溪，魏兵惠，李青晓. 班导师引领学风建设的意义、问题与优化策略 [J]. 西北成人教育学院学报，2020 (05)：67 - 71.

[30] 王红艳. 思想政治理论课一体化教学模式的建构与实践 [J]. 理论观察，2015 (03)：172 - 174.

[31] 肖荣勋. 高校辅导员素质结构及其与工作绩效的相关研究 [D]. 开封：河南大学，2008.

[32] 杜煜，姚佳. 校企合作机制下的高职药学专业新型人才培养模式初探 [J]. 科技资讯，2018，16 (32)：210 - 211.

[33] 赵宗更，周敬慧，高峻岭. 高校大学生学业指导的对策建议研究 [J]. 河北工程大学学报 (社会科学版)，2014，31 (01)：81 - 84.

[34] 肖菊梅. 论费希特的高等教育思想 [J]. 河北科技大学学报 (社会科学版)，2014 (1)：84 - 88，101.

[35] Kuh G D，Schneider C G. High-impact educational practices：what

they are, who has access to them, and why they matter [M]. Association of American Colleges and Universities, 2008.

[36] 郭德侠, 陈薄, 崔艳, 刘晶. "双一流" 建设背景下本科生导师制的实践探索与制度完善 [J]. 北京教育 (高教), 2022 (06): 20-25.

[37] 石荣传. 本科生导师制: 类型、实施现状及完善对策 [J]. 大学教育科学, 2016 (03): 70-73.

[38] 邱明晓. 高校辅导员在学业指导中作用发挥机制研究 [J]. 教育界: 高等教育, 2016 (1): 2.

[39] 李雪萍. 高校辅导员与大学生的有效沟通 [D]. 南京: 南京师范大学, 2012.

[40] 吕丽. 新形势下高职院校辅导员学生管理工作方法探讨 [J]. 知识文库, 2021 (18): 181-183.